名师名校名校长

凝聚名师共识
回应名师关怀
打造名师品牌
培育名师群体

程红兵题

缘聚教育
传递幸福

丁凤娟　郭　蕾 / 主编

中国出版集团　现代出版社

图书在版编目（CIP）数据

缘聚教育　传递幸福 / 丁凤娟，郭蕾主编. —北京：
现代出版社，2022.3

　　ISBN 978-7-5143-9774-1

　　Ⅰ.①缘… Ⅱ.①丁… ②郭… Ⅲ.①教育工作
Ⅳ.①G4

中国版本图书馆CIP数据核字（2022）第042216号

缘聚教育　传递幸福

作　　者　丁凤娟　郭　蕾
责任编辑　张　璐
出版发行　现代出版社
地　　址　北京市安定门外安华里504号
邮政编码　100011
电　　话　010-64267325　64245264
网　　址　www.1980xd.com
印　　制　北京政采印刷服务有限公司
开　　本　710mm×1000mm　1/16
印　　张　10.5
字　　数　168千字
版　　次　2022年3月第1版　　2022年3月第1次印刷
书　　号　ISBN 978-7-5143-9774-1
定　　价　58.00元

目 录

第一章　工作室介绍

第二章　工作室的"5H+"教学模式探究

第三章　工作室的班主任管理策略研究

第四章　工作室研究成果

第
〔一〕
章

工作室介绍

同系育人情怀，共享幸福人生

——辽宁省初中英语丁凤娟名师工作室

2013年，我幸运地成为辽宁省首批名师工作室主持人。工作室成立几年来，我们秉承落实立德树人根本任务，践行社会主义核心价值观，把核心素养植根于教育教学的细微处，使学生德智体美劳全面发展，探索自主高效课堂，构建"5H+"教学模式，形成课内外相得益彰的核心素养强化育人体系，脚踏实地开展引领辐射等系列活动，注重创新性、高效性、研究性的融合，在学科教学、课改科研、示范引领等方面进行了许多有益的实践探索。现围绕工作室自身建设、示范引领、教育科研等方面分准备篇、活动篇、科研篇、辐射篇、提高篇、收获篇、畅想篇七个板块汇报如下。

一、准备篇

在铁岭市教育局和实验学校的大力支持与关心帮助下，省初中英语名师工作室喜落我铁岭市实验学校。这是辽宁省教师队伍建设的一大创新举措，也开了铁岭教育名师引领的先河，对我个人而言，是鼓励与认可，更是责任与鞭策。

工作室成立之初的工作主要包括以下几个方面。

1. 广招贤才 组建团队

名师工作室由工作室主持人、成员及学员三部分组成。选拔的程序是由符合条件的教师自愿申报、学校推荐、资质确认；选拔遵循四个原则，即具有"渴望成长的目标意识""追求发展的学习意识""尝试探究的创新意识""迈向精深的研究意识"。

成员分别来自铁岭市各个县市区,有来自边远农村学校的,也有来自城区中心学校的;年龄结构梯度化,而且都是有教育梦想,专业基本功扎实,善于钻研,乐于奉献,具备良好发展潜质的教师。最终初步确立工作室成员为9人,学员16人。在此基础上,2018年的兴辽名师团队逐步扩大到上百人。

工作室主持人:丁凤娟,铁岭市实验学校副校长;全国模范教师、巾帼建功标兵;辽宁省"兴辽人才"、省特级教师、省首批名师、优秀教师、骨干教师、创新型班主任;铁岭市教育教学专家、学科带头人、师德标兵。工作格言:"立德、树人、解惑,品味教师幸福人生!"

2. 集思广益　立念明旨

理念是上升到理性高度的观念,宗旨是某些事物的原始意图或核心目标。名师工作室是新时代教育的产物,也是大数据时代教育的一个特征。在新时代背景下,不忘教育初心,方能砥砺前行。工作室成员经过共同研究讨论,确定了工作室的理念和宗旨。

理念:搭建研究平台,铺设成长阶梯,构建辐射中心,成为教师益友。

宗旨:打造名师群体,产生名优效应,提升自我价值,享受幸福人生。

3. 凝心聚力　独创徽标

徽标是一个优秀集体的象征,在色彩形状中蕴含力量,彰显个性,突出理念。工作室徽标由四种颜色即深蓝、浅蓝、绿色、橙色和四种形状即书、手、星、圆组成。

整体含义:一群有教育信仰的人,以海洋般的宽广胸怀、河流般的细腻情愫,在具有丰富文化底蕴的教育沃土上,携手同行,不断创造新的奇迹,赋予教育新的希望、新的活力、新的生命,在实现自身价值的同时,构建教育生命共同体。

图1-1

4. 拟定制度　明确责任

现代教育包含制度管理和情感管理。"规范彰显生机，和谐成就未来"。为确保名师工作室扎实有序地开展各项工作，特拟定工作室管理制度。内容如下。

（1）签约制度。

双向选择，名师工作室主持人与工作室成员签订《名师工作室成员工作协议书》，明确工作室研究项目和个人专业成长方面的双方职责、权利及评价办法。

（2）考勤制度。

按时参加工作室组织的各项活动，若有特殊情况，须以书面形式向工作室主持人请假，无故缺席两次以上按自动退出处理。每学期请假两次以上，学期考核为不合格。

（3）会议制度（陈金凤）。

每学年召开一次工作室计划会议，一次总结会议。每学期至少进行一次大型主题教研活动。

（4）交流制度。

工作室每月第一周周四开展网络研讨活动，工作室成员轮流负责组织。工作室成员每天保证登录一次QQ、微信群，关注工作动态，积极参与互动交流及网站建设，每月至少发布一次工作动态，每学期至少上传两份网站专题材料。

（5）学培制度（周丽辉）。

工作室成员每年阅读至少三本教育理论书籍，并有读书笔记、心得、感悟。每学期写一篇学习心得体会。每学年至少完成一次研讨课、送教下乡活动或培训讲座。

（6）科研制度。

工作室成员在三年工作周期内至少要完成一个省级或以上重点研究课题并取得相应成果，撰写教学案例、论文或专著，促进学科教学理论水平的提高。

（7）档案制度。

工作室成员要对计划、总结、听评课记录、读书笔记、研讨课、科研课题等材料进行及时收集、归档、存档，为个人的成长和工作室的发展评价提供依据。

（8）考核制度。

工作室每学年按照《工作室量化考核细则》对成员进行阶段性评价，分为优秀、合格、不合格三个等级。考核不合格者自动退出工作室，同时吸收符合条件、有发展潜力的新成员进入工作室。

（9）财务制度。

工作室严格执行省教育厅下发的资金使用办法、使用程序规范。经费由专人负责记录，专款专用，公开透明。

5. 精选图书　学习成长

倡导全员读书，做到读书像呼吸一样自然，打造书香工作室。经过精心挑选，我们购买了教学设计、教学反思、教育科研、心理健康、德育教育、教育教学理论、班主任工作、高效课堂、名师工作室建设、课堂评价及教育日志等相关书籍200多本。

6. 拓宽渠道　搭建平台

工作室开通博客、QQ群、微信群及公众号，充分利用网络资源搭建交流的平台，目的在于及时发布工作室动态，成员及学员的精品教案、课例、论文、心得体会，推广学习和研究成果，资源共享，实现工作室效益最大化。

7. 精心筹划　适时启动

市教育局、学院对工作室建设高度重视，主管领导参加启动仪式，教育局高教科长主持启动仪式，主管副局长和学院院长亲自为工作室揭牌。

二、活动篇

《辽宁省全面深化义务教育课程改革的指导意见》中明确了"要遵循教育规律和学生成长规律，坚持德育为先、能力为重、全面发展"的教育理念。

教学过程应该是一种有意义的生命过程。教师要在每一节课堂教学中注入核心素养的元素，启迪学生的英语思维，引发学生思考，培养学生的学习兴趣，激发其学习的原动力，培养学生的创新能力和实践能力，达成心理相容、师生共鸣的高效课堂。工作室开展系列教学研讨活动：①引领示范；②集体教研；③同课异构；④同生异课；⑤打磨研讨；⑥博客论文；⑦趣味社团；⑧微课助学；⑨精彩瞬间（教学设计、教学反思、心得体会、教学案例、读书笔记）；⑩定期总结；⑪成长日记。

1.引领示范　抛砖引玉

打铁还需自身硬。为了更好地发挥工作室成员的示范引领作用，促进工作室教师个人专业成长，工作室成立之初，成员每人上了一节示范课，展示教师个人基本功、教学风格，课后从基础知识、基本技能、基本思想、基本活动理念和发现问题、提出问题、分析问题、解决问题等层面进行交流研讨，优势互补。

图1–2

2. 集体教研　共商妙计

　　工作室针对每人一节的示范课及日常教学中的问题开展集体教研活动，目的是探索以"学生发展核心素养"和"学科核心素养"为主题的新课程标准的实施，以及课堂如何从"四基"走向"双核"，从三维目标走向素养达成。集体教研改变了工作室成员间独学无友的状况，满足了大家交流研讨的渴望，在相互学习交流中自加压力、自生动力，努力挖掘、发挥各自长处，从而形成交互引领、双赢共好的格局。

图1-3

3. 同课异构　对比反思

　　"同课异构"是提升教师专业素质的有效教研方式。工作室全体成员参与了"同课异构"的授课活动，每一位教师参与听课、评课。通过这种教研，可以发现哪种教学方式更有效，更能突出学生的主体地位，促进学生积极主动学习，并可以在上一次教学的基础上，细究其深层的教育内涵，品味其得失，剖析其不足之处，然后对这些细节进行重新设计，使之更完善，探索适合学生的高效课堂教学模式，达到在课堂教学中落实英语学科核心素养的目的。

图1–4

4. 同生异课　体验感知

"同生异课"就是学生相同，授课内容不同，其意义在于让教师在生源一致的前提下，完成各自的教学任务，以及对教学策略、教学方法的交互式体验，实现教学的拓展和延伸，打造生命课堂。这是工作室探索课程改革的一种尝试，让主动学习和创新、灵活解决课堂教学问题成为新时代教师的新技能，在展示教师个人教学魅力的同时，更是对其专业素养的考验。这种教研活动极大地触发了教师自我提高的潜在意识，同时加快了探索高效课堂教学模式一体化的步伐。

图1–5

5. 打磨研讨 达成精品

前往昌图县亮中桥中学进行第一次送教下乡、交流研讨活动前，为了保证送课质量，工作室三位送教成员分别做了试讲。

图1-6

工作室全体成员共同对三节课进行打磨探讨，紧紧围绕高效课堂与思维训练，如何进行基于学生发展核心素养的英语学科教学设计，如何着眼学生应具备的终身发展和适应社会发展需要的必备品格与关键能力，突出个人修养、社会关爱、家国情怀、社会责任感、创新精神、实践能力。经过一番碰撞与交流，打磨出了三节精品课，为送教下乡的成功展示奠定了基础。

图1-7

6.博客论文　资源共享

工作室建立了博客（http：//blog.sina.com.cn/u/3973381818）。工作室成员、学员在博客、微信、QQ群里发表自己的文章，及时上传教育新理念、新思想以及课程改革新动态，分享育人成果，转载阅读过的优秀作品，定期上传自己的经典案例、心得、反思等。博客为工作室成员提供了在线学习交流的平台，实现了资源共享，也成为展示名师风采和工作成果的一扇窗口。同时见证了我们工作室每一位成员、学员的成长。

7.趣味社团　个性飞扬

新一轮课程改革，强调对教材的整合使用，实现国家课程校本化，地方课程整合化，校本课程特色化。为了强化学生的英语学科素养，增加语言实践量，形成英语语言的系统化、外延化，借助实验基地校，我们工作室成员、学员参与并指导英语戏剧课程暨社团活动课，与学生共享英语原声大片，同排英语话剧，丰富了学生的原生态语言，让学生在体验中学习，学会合作，学会创新，获得成长和能力，达到把所学知识转化为能力的目的。

8.微课助学　关怀心灵

图1-8

疫情当前，在教育部"停课不停学"的号召下，在省市教育主管部门的正确领导下，丁凤娟名师工作室暨"兴辽英才计划"教学名师课题组成员在寒假期间，凝心聚力，采用现代教学手段，制作了传播科学知识、人文关怀与心灵抚慰的微课，努力做孩子们的"生命守护者"。

9. 精彩瞬间 记录足迹

工作室成员在学习中成长，在实践中前行，在探索中进步，精心完成每个教学设计、教学反思、心得体会、教学案例、读书笔记的过程，都是提升自我、实现价值的过程，都是和学生、和同伴一起成长的过程。

10. 定期总结 回望过去

"吾日三省吾身"，教育是事业，教师是塑造人、影响人的职业，所以总结反思是极为重要和必要的。通过反思可以全面地、系统地对以往工作进行回顾，总结经验教训，找出不足，并正确认识以往工作中的优缺点，做到扬长避短，百尺竿头更进一步。工作总结也就是让教师有一个再认识、再学习、再提高的过程。

11. 成长日记 分享点滴

工作室成员、学员在教育教学实践中探索学生认知规律，挖掘自身潜能，创新教学思维，有付出，有收获，适时记录，把教育教学的点点滴滴汇聚成教育智慧，把生活中的美好化作永恒的记忆，工作室成员、学员用日记记录着这一路的幸福成长。

工作室成员的肺腑感言："我以能成为名师工作室的一员而骄傲，以能与名师为伍而自豪，如果让我说出此时的感受，那就是两个字：幸福。如果要加个形容词，那就是：非常幸福！"

三、科研篇

名师就是有理论高度，有实践厚度的教育教学的实践者。
理论源于实践的积淀，实践的厚度决定理论的高度。
源于实践的理论指导，使实践过程有的放矢。

1. 选定课题 成功立项

好的教育就是对教育规律的尊重和坚守，关注学生情感和道德体验，合作能力和交往能力，而这些品质一定源于良好思维习惯的养成。针对目前学生在英语学习中存在的思维障碍，结合英语学科核心素养的落实，我们工作室拟定了"高效课堂下学生英语思维能力培养的策略研究"这一课题，并以工作室名义申报省科研课题，于2014年6月申请立项成功，接下来又陆续申报省市课题多项。

每项课题立项后，我们都成立课题中心组，制订课题研究方案，完成开题报告，同时学习相关理论，收集整理过程资料。

图1-9

2. 阶段总结 探索模式

（1）高效课堂教学模式。

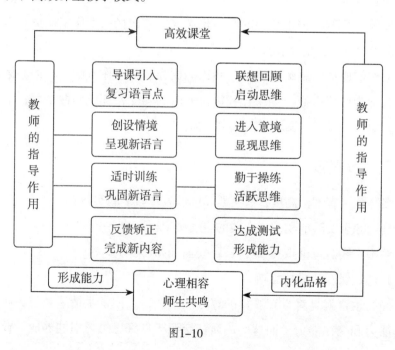

图1-10

（2）为全面贯彻落实新时代党的教育方针，五育并举，扎实做好"双减"工作，我们创造性地提出了"5H+"教学模式，"5H"即Head，Heart，Hand，Habit，Health；"+"即各学科根据自身特点，有针对性地提出各自学科的"+"内容。

3. 汇聚成果　指导教学

工作室完成省级课题三项，分别为"高效课堂下学生英语思维能力培养的策略研究""义务教育阶段课程培养学生人文底蕴策略研究""中小学生'双减'工作机制创新"。高效课堂的灵魂是相信学生，解放学生，发展学生。学生是课堂的主人，但是纵观当前我国初中英语课堂，"中国式"英语教学方式比比皆是，破坏了语言形成的环境，导致培养出的学生只能被限制在应试方面，不能将语言应用到实际中，违背了语言教学的初衷。基于这种现状，我们申请并完成了"高效课堂下学生英语思维能力培养的策略研究"这一课题的研究。"中小学生'双减'工作机制创新"这一课题是基于当前的"双减"政策提出的，旨在进一步提升学校教育教学质量和服务水平，通过确立学校作业管理领导小组，建立健全作业评选、作业管理公示制度，学校严控书面作业量等一系列有效措施拟提高教师的素养及教学基本功，向课堂要质量，做到应教尽教，因材施教，诲人不倦；加强教研，更加科学合理地布置作业，并满足学生课后服务需要，让学生的学习真正回归校园，减轻学生作业负担，缓解家长焦虑情绪；扎根学校课堂教育，进一步将核心素养根植于学科教育教学之中。目前该课题正在准备阶段。经过我们的调查研究，学生六大核心素养中排在首位的人文底蕴素养的整体发展水平不高，审美情趣偏低。因此，我们又提出了"义务教育阶段课程培养学生人文底蕴策略研究"这一课题，力求对铁岭市中小学校通过课程教学培养学生人文底蕴方面起到一定的助力作用。

四、辐射篇

工作室是一个精英团队，在用集体的智慧来履行教师"传道、授业、解惑"的职责，同时肩负着达人共进的教育使命。工作室不仅仅是一个物理的空间，更是一个优秀教育资源的载体，志同道合的教育人携手前行的生命共同体，所以它更多的应该是一份责任和担当。几年来，我们分别开展了教育教学专题培训、送教下乡、交流研讨、结对引领培养青年教师等多项有效活动。

1. 专题讲座　引领助长

丁凤娟老师负责为市直初中英语学科工作室教师培训。

图1-11

2.送教下乡　交流研讨

我们先后到昌图县亮中桥中学、西丰县郜家店中学、铁岭县莲花中学和铁岭县腰堡九年一贯制学校、开原林丰乡中小学进行了10余次送教下乡活动，并与当地的教师在课后进行了评课和教研，教学相长，共同进步。

（1）工作室走进昌图县亮中桥中学。牟丹、于淼和王海燕三位老师上了三节英语公开课，课后和县区的教师及教研员进行了研讨。丁凤娟老师进行了工作室建设的汇报。

图1-12

（2）工作室走进西丰县郜家店中学。陈金凤、潘安达两位老师上了两节公开课。杨波老师进行了中考命题专题讲座。

图1-13

（3）工作室走进铁岭县莲花中学。陈金凤、杨波两位老师上了两节公开课。周丽辉老师做了培训讲座。

图1-14

（4）工作室走进铁岭县腰堡九年一贯制学校。牟丹老师做了一节阅读课的示范展示，课后与县教研员及本校教师进行了交流研讨。

图1-15

（5）工作室第一次走进开原林丰乡中小学。

图1-16

（6）工作室第二次走进开原林丰乡中小学。

图1-17

3. 结对指导　言传身教

师徒结对、传帮领带是我们工作室的又一特色活动。每名成员要指导两名或更多学员，旨在促进年轻教师迅速成长，打造业务精良的梯队性工作室团队。

图1-18

五、提高篇

教育是生命影响生命，是为孩子成长服务的，先做好自己才是最好的教育。

成长靠学习，成就靠团队。学习过程是每位教师的精神成长过程。工作室采取"走出去，请进来"等多种学习方式，不断提高成员、学员的道德水平和专业知识，使其走在人工智能新时代教育教学的前沿，力求打造有明确教育信仰、深厚文化底蕴、强烈创新意识、过硬专业能力、成功教育方法的名师队伍。

1. 专家报告　良言瑰宝

赵德远所长做"科研课题研究的意义及方法"培训。

图1-19

2. 外出学习　拓宽视野

（1）杨波、于淼和牟丹三位老师到沈阳市一三六中学学习"英语学科思维导图的应用"。

图1-20

（2）丁凤娟、于淼及王海燕三位老师到四川成都参加"全国中学生英语创新思维能力培养研讨会"。

（3）丁凤娟、杨波两位老师到武汉参加"全国名师工作室建设博览会"。

图1-21

（4）丁凤娟、牟丹两位老师到呼和浩特参加"全国中小学名师工作室创新与发展联盟首届年会暨第十一届全国中小学名师工作室发展论坛"。

图1-22

（5）丁凤娟老师到北京参加中学生核心素养学习论坛。

（6）丁凤娟老师到北京四中学习英语特色课程。

图1-23

六、收获篇

回首过去 幸福满满

回望走过的路，我们留下的是或深或浅的串串足迹，而携手同行、达人共进的路上，充满收获、欢乐、感动、幸福！各级领导对工作室给予了极大的关注，市委书记、人大常委会主任、组织部部长、宣传部部长、副市长、教育局局长多次到工作室慰问。

图1-24

图1-25

七、畅想篇

展望未来　希望无限

凡事都有一个能量守恒定律，当你坚持努力到一定程度，自然会开花结果。

图1-26

名师工作室承载着教育的新生命和新希望。同一份对教育的热爱与执着，让我们缘聚于此，我们将继续一起分担育人路上的风雨，分享教育硕果的彩虹，我们在这里携手共进、互助共赢。我们将更加豪情满怀地探索创新，践行我们的诺言，我们在这里学习、收获、成长、提高。我们会用情同手足的亲情彼此关爱，用有温度的教育传递信念和希望。展望工作室的未来，任重而道远，我们不忘初心，牢记教育使命，做有理想信念、有道德情操、有扎实学识、有仁爱之心的好教师，打造品牌团队，凝心聚力，让核心素养落地生根，让素质教育开花结果。幸福的教育，永远在路上！

第
二
章

工作室的"5H+"教学
模式探究

"5H+" 教学模式概况

"5H+"教学模式是"5H"（Head，Heart，Hand，Habit，Health）结合学科特点形成的一种新的教学模式。

一、Head——动脑

课堂教学因教师的静思而精彩。教师要认真钻研教材，做到"脑中有书"，力求达到懂、透、化的程度。教师要对教学过程中的预测和生成做到随机应变，对学生的课堂表现进行适当点评，教学评价要讲究语言艺术，满足学生终身可持续发展的需要。引导学生采用自主学习和小组探究的方式深入课堂，最大限度地激发学生参与课堂的积极性，培养学生的自主学习能力和探究能力，让大脑真正动起来，使学生养成良好的思考和研究问题的习惯，把课堂真正还给学生，变成学生乐学益智的新天地。

二、Heart——动心

教师对所教学的内容要做到"心中有纲"，通过创设情境和任务驱动的方式，让学生积极主动参与到学习中，由脑入心，调动学生参与课堂的积极性，在突破重难点的过程中激发学生的探索意识和创新思维，不断提高学生学习的主观能动性，进一步提升学习能力，将所学知识内化于心，从而提高课堂效率。

三、Hand——动手

教师要灵活运用教法，做到"手中有法"，不同类型的教学课程要用不同的教学手段。教师要认真钻研、反复推敲，利用集体备课和教研的机会多交流学习、取长补短。教师要多听课，常反思，加强理论学习，形成自己的教学风格。学生动手能力的培养也是课堂教学的主要目的之一，通过问题探究，合作学习，自主学习，学生完成一个个小任务，从而获取知识，提升实践能力。同时，要一课任务一课毕，切实减轻学生的课业负担。

四、Habit——习惯

在教学中，教师要引导学生发现问题，并想办法解决问题，让学生在享受成就感带来的喜悦的同时，养成不逃避难题，敢于面对困难的好习惯；在不断提升学习能力的同时，养成良好的学习习惯和生活习惯。

五、Health——健康

教师要在情感态度、价值观目标中时刻渗透品德教育，完成爱国主义教育；让学生懂得关注社会、关注人生、思考人生；加强感恩教育。教师要最大限度地挖掘学生的优点，进行"激励式"评价，不吝啬自己鼓励表扬的语言，多赏识夸奖，启迪学生的思维，激发学生的学习信心，鼓励学生学习，诊断学习中存在的问题，促进学生的发展。在日常生活中，教师要对学生的价值观进行正确的引导，培养学生健康向上的情感态度，让学生树立正确的世界观、人生观、价值观。

道德与法治学科"5H+T"教学模式

教研组长　董翠

为落实好中共中央办公厅、国务院办公厅《关于进一步减轻义务教育阶段学生作业负担和校外培训负担的意见》，遵循学生身心发展规律，激发学生发展潜能，促进"双减"工作在我校落地，根据我校"5H+"教学理念，结合道德与法治学科实际，制订本实施方案。

一、指导思想

以党的十九大精神为指导，结合有关"双减"工作的文件精神，贯彻落实郭蕾校长提出的五育并举，按照教育局的相关文件要求以促进学生全面发展、健康成长为突破口，从而达到有效减轻学生过重负担、缓解家长焦虑情绪、构建教育良好生态、建设高质量教育体系的目的。

二、具体措施

"5H+"即铁岭市实验学校"5H"教学模式（Head，Heart，Hand，Habit，Health）结合学科特点形成的一种新的教学模式。道德与法治学科的核心素养和教学目的就是通过情感态度、价值观的培养，透过现象看到本质，追求真理。所以，本学科"+"的内容便是真理（Truth），也就是"5H+T"。

道德与法治是初中阶段的一门基础学科，是以学生的生活为基础，以引导与促进学生思想品德和法治素养发展为根本目的的综合性课程，对学生核心素养的培养与良好品德的形成发挥着重要的作用。

1. 自主学习（Head——头）

根据本学科特点，导入部分采取自主学习模式，概括为head。教师采取引导关键词方式进入课题，学生采用"头脑风暴"对关键词进行大脑搜索，思考关键词的含义和周围关于关键词的事件，快速进入课堂。

2. 创设情境（Heart——心）

教师可以对书上事例进行情景再现，可以根据教材内容结合生活实例进行情景再现，也可以作为旁观者进行点评，通过创设情境的方式，激发情感，让学生感同身受，引发共鸣。创设情境是实现师生互动，营造自主、合作、探究的学习氛围，提高教学效率的重要载体。情境分析可以引导学生在自觉主动参与的过程中发现问题、思考问题、解决问题，也是培养学生能力的重要途径。

创设情境要符合以下要求：选取贴近学生生活经验并符合学生认知水平的具有典型代表意义的材料，使学生深切感受到"学习即生活"。案例材料不要过分晦涩冷僻，否则，学生就会将大部分精力花在理解材料本身而不是去探讨研究材料中所包含的政治、经济、文化及哲学问题，使课堂教学过程偏离正常的教学目标并加重学生的学习负担。这也是"时适"教学理念的要求。

3. 合作探究（Hand——手）

通过情景再现，学生进行记录，小组组内探究，分析产生这种现象的原因和处理的方法，组长汇报，组员补充，达到动脑动手的效果。

苏霍姆林斯基说，在人的心灵深处都有一种根深蒂固的需要，就是希望自己是研究者、发现者、探索者。因此，在创设情境的基础上，教师要设计并提出供学生探究的问题，并将讨论研究的工作完全交给学生，引导学生参与教学的全过程。合作探究过程可以分为小组合作和组间交流两个阶段：先是开展小组内的合作学习，各小组围绕探究问题充分讨论，各抒己见，并形成小组共识；然后，各小组将达成共识的学习结果与其他小组交流。

在这个环节中，教师要努力营造宽松、民主、和谐的课堂讨论氛围，让学生唱主角，鼓励学生大胆提出自己的创造性意见，让学生思维处于最大限度的发散状态，最大限度地调动学生的积极性，提高学生的参与程度。同时，教师要做好课堂组织安排和秩序控制工作，防止讨论无序无果，做到收放自如。

4. 学生展示（Habit——习惯）

本学科特色部分，即课中时事播报。道德与法治学科最大的特点就是时事性和事件案例分析多。教师可以结合教学内容，每节课播报一个时事新闻，培养学生关心国家大事，敢于发言的良好习惯。

5. 释疑解惑（Health——健康）

经过自主学习、创设情境、合作探究以及结合生活时事的展示，最后教师进行释疑解惑。教师结合心理学相关知识，对学生无法理解或疑虑的问题进行解释，引导学生形成健全的人格和积极向上的态度。

韩愈说："师者，所以传道受业解惑也。"学生是认识的主人，对学生在讨论和展示中表现出的疑惑，教师要及时解答，这样才能解开他们心中的疑团，才能使学生的思想得到升华。教师在释疑解惑时要循循善诱，在轻松、民主的师生互动中解决问题。同时，教师要巧设"悬念"，鼓励学生发现潜在的问题，以培养学生的创新精神，促进认识的进一步发展。

6. 落实达标（Truth——真理）

每一节课，教师都要留出足够的时间，让学生巩固本节课知识；评价课堂45分钟的教学质量；结合本学科特点，布置一项实践类作业，让学生带着本节课所学的知识，去生活中发现真理，找到答案；真正实现理论与实践的完美统一。

语文学科"5H+A"教学模式

教研组长　赵德军

　　"5H+A"的教学模式，就是动脑、动心、动手、习惯、健康、活动。在贯彻国家教育教学方针的基础上，在"双减"的教育背景下，"5H+A"教学模式能够提高课堂效率，激发学生的学习兴趣，让学生轻松学习、快乐学习、健康学习、高效学习。

一、Head——学会记忆

采用的方法：思维导图法。

（1）文学常识（何人、何时、何事、评价）。

（2）字音字形、词义。

（3）古诗文的背诵。

（4）文言文的字义、句意。

（5）常见的修辞手法。

（6）名著中的主要人物及其主要情节。

二、Heart——学会思考

采用的方法：设问导读法、群文阅读法、比较阅读法。

1. 理解

（1）理解文中重要词语的含义：基本义、引申义、比喻义、深层义。

（2）理解文中重要句子的含义，如语境义、比喻义，分析句子之间的关系。

2. 分析综合

（1）筛选并整合文中的信息。

（2）分析文章结构，把握文章思路。

（3）归纳内容要点，概括中心意思。

（4）分析概括作者在文中的观点态度。

3. 圈画选项信息源

在作答过程中，先用铅笔在原文找出选项信息源并做标记。

4. 将选项与选项信息源做比较

（1）句意逻辑是否一致。

（2）表意范围是否扩大或缩小。

（3）是否张冠李戴。

（4）是否以偏概全。

（5）是否无中生有。

（6）是否因果颠倒。

（7）是否偷换概念。

三、Hand——学会积累

采用的方法：小本积累，手不释卷；黑板主题积累，每周一个主题。

（1）通过写日记积累优美句子、语段。

（2）课外古诗文。

（3）名言警句。

（4）成语，按照字母顺序。

（5）写作技巧。

（6）三种文体阅读方法。

（7）课内名著、课外经典著作阅读。

四、Habit——养成预习、书写、复习的习惯

采用的方法：写小楷，书写比赛，精品作业展。

（1）预习时要圈点、勾画、批注：文章标题含义及作用、首段的作用、表现手法、描写的方法、修辞方法及作用、承上启下的句子、结尾段的作用。

（2）书写规范、工整、美观。

（3）及时复习、巩固学过的知识。

（4）养成错题积累的习惯。

五、Health——加强思想教育，立德树人

采用的方法：开辩论会，演讲比赛，充分利用"口语交际"，诗歌朗诵比赛。

（1）利用课文对学生进行思想品德教育，让学生树立正确的世界观、人生观、价值观。

（2）让学生懂得关注社会、关注人生、思考人生。

（3）加强感恩教育，让学生懂得珍惜。

六、Action——丰富课堂形式，提高学生的语文素养

指导思想：激发学生的学习兴趣，让语文课生动多彩，让学生热爱语文，主动学习，提高学生的品位和能力。

（1）课前三分钟演讲。

（2）开展诵读比赛。

（3）开展课本剧表演。

（4）以文本为范本，学习借鉴并写作。

（5）进行作文课的自评、互评。

（6）学生主持开展每单元的综合课。

（7）走近历史名人，提高鉴赏能力。

语文学科的"5H+A"教学模式，能让学生的听说读写能力得到提升，使语文学习形式多样，内容丰富，方法灵活，在"双减"的背景下，夯基提质，立德树人。

化学学科"5H+C"教学模式

教研组长　刘　畅

　　"双减"政策的出台，是教育改革发展的必然选择。对于义务教育而言，既要不折不扣落实"双减"政策精神，又要提高教学质量。我校根据实际情况提出了"5H+"教学理念，具体实施如下。

一、指导思想

　　以党的十九大精神为指导，结合有关"双减"工作的文件精神，贯彻落实相关文件，加强德育和自主学习的能力，稳步提高素质教育实施水平。

二、具体实施

　　"5H+C"教学模式就是在课堂教学中围绕各个教学环节，教师使用多种教学策略，充分调动学生的积极性，激发学生的学习兴趣，提高学生的学习效率，主要从以下几个方面实施。Head——思考：教师从引课过渡到小结、作业，全方位探究如何在减少作业时间的同时提高学生学习效率；Heart——用心：每个学生都需要我们用心去爱，针对不同学生的性格特点、学习习惯、家庭结构，争取与每个学生和家长都有足够的交谈时间；Hand——操作：化学是一门以实验为基础的学科，学生通过教师演示和亲自操作深入体会化学的魅力；Habit——习惯：引导学生养成预习习惯、自习习惯、自主学习习惯；Health——健康：让学生体会化学学科带给人类的发展，激发学生热爱化学的热情；Create——创新：在实验上创新，在教学教法上创新，让学生爱上学习，在学习中体会成就感。在课堂中坚持教师的教为学生的学服务，一切围绕学生的学习，一切以学生为根本，学生人人参与学习过程，并且课堂上人人有收获，课堂上目标达成度高，学生的学习效果好，学生的学习是自主的。通过课堂教学，学生既能有效掌握知识，又能获得全面、和谐的发展，学有所得。

三、具体操作

现谈谈我们化学组全体教师结合教学实践实施的六步教学法。此教学模式把课堂教学分为六个环节：激情引课、合作探究、巩固应用、交流提高、总结梳理、评价激励。结合这六个环节，化学组创设了化学"5H+C"师生双边活动。

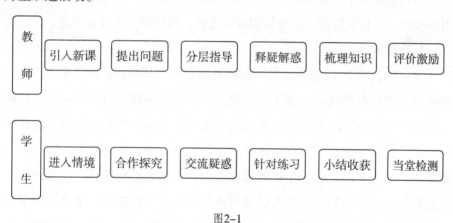

图2-1

1. 激情引课

问题情境是一种特殊的学习情境，情境的有效设置是激发学生乐学的催化剂。这一环节大约3分钟。开课后，教师运用直观材料（模型、图片、录像、电脑、动画等）、演示实验、游戏表演、典型实例、趣味小故事等引入本课将要学习的知识，创设学习研究的情境，导出与教材有关且具有启发性的问题，揭示新旧知识的联系，唤起学生学习的欲望，明确具体的学习目标。比如，在学习"二氧化碳"时播放"屠狗洞"的动画，一个人牵一条狗进入山洞，狗死人却不死。学生在观看动画时就思考：为什么狗死人不死呢？这会激起学生强烈的探究欲望。

2. 合作探究

这一环节需15～20分钟。课前教师设计学案，根据不同的教学内容，教师指导学生在规定的时间内，在课前预习的基础上配合学案进行学习，并不断巡视和辅导，督促学生看书思考，帮助学生控制时间和进度，对自学有困难的学生给予个别指导，启发学生主动质疑、理解新知识，初步释疑解惑。为突出重点，教师可演示实验，学生观察、分析得出结论，也可根据学案分组合作探究，设计实验方案，自主探究学习，然后各小组汇报，教师评价。小组间相互竞争，最后针对学生的共性问题，教师适时讲解。这种学习方式，学生参与度高，学生之间可相互交流，还可感受成功的快乐。比如，在学习"二氧化碳制取的研究"时，教师给各小组提供实验药品和仪器，各小组根据反应原理设计形式不同的发生装置，然后每组出一名代表展示，小组间讨论可行性，相互评价。这不仅能调动学生的学习积极性，而且能加深学生对知识点的理解，从而牢牢掌握知识点。

3. 巩固应用

这一环节不少于8分钟。教师应针对教学中的基本知识点、重点、难点和疑点等设计有梯度、有趣味的习题，要求学生在规定时间内完成。此环节的目的在于使学生对学习研究的问题认识更全面，理解更深刻，由此巩固知识，拓展知识，培养学生理解迁移知识和应用创新的能力。这一环节以训练检测为手段，使学生把新知识综合为相对完整的体系，加深理解，并把知识充分内化到自己已有的知识体系中去，强化能力；也能帮助学生在理解的基础上进行知识的再现、联想，激发想象力，进行有深度的交流，让学生感受学有所用的快乐。

4. 交流提高

这一环节大约5分钟。学生针对本课所学知识提出疑问，各学习小组间相互交流，各抒己见。这样既减轻了教师的工作压力，又提高了教学效率与教学效果，还培养了学生的合作交流能力，使优生更优、差生提高。另外，经过集体性质的交流，学生更容易发现差异，在思维的碰撞中，学生对问题的认识也将更加深刻。

5. 总结梳理

这一环节大约3分钟。学生在知识、方法和情感几个方面总结本课收获，教师引导学生对所学的内容进行归纳总结，通过梳理，再建知识结构，找出知识的联系点，系统地掌握重点、突破难点。

6. 评价激励

这一环节大约5分钟。根据本课教学重点，学生的讨论和科学的预见，教师准备一些针对教学目标的、有代表性的题目对学生学习效果进行检测，并对各组的表现进行评比、总结、激励，进一步激发学生的学习热情。一方面能促使学生将所学的知识加以应用，在应用中加深对新知识的理解；另一方面能暴露学生在新知识应用方面的不足，让教师获取进一步调整教与学的新信息，从而提高教学效果。

以上是我们在课堂教学中的一些做法，还不成熟、不完善，还需要我们在以后的教学中不断去探索、去总结、去钻研，形成一套科学完整的实施方案。

历史学科"5H+F"教学模式

教研组长　胡艳梅

一、指导思想

根据我校提出的"5H+"教学理念，结合历史学科特点，形成了"5H+F"教学模式，旨在提高课堂效率，让学生形成积极进取的品格和健全的人格，为树立正确的价值观和人生观打下良好的基础。"5H"是指Head（动脑）——动脑思考，Heart（动心）——用心学习，Hand（动手）——动手实践、实验操作，Habit（习惯）——形成良好的习惯，Health（健康）——形成一个健康的身体、健康的人格；"F"是指Feelings（情怀）——具有家国情怀。

二、实施细则

1. Head——动脑

动脑思考在学生学习生活中具有重要的作用。有的学生认为学习历史背一背就行，没什么复杂的，其实不是这样的，如果我们在学习中不断地动脑思考，就会慢慢发现历史是会"说话"的，它会告诉我们很多道理。

2. Heart——动心

教师要引导学生用心思考，在导入新课时，给学生创设一个适当的情境，使其有身临其境的感觉，激发他们的兴趣和求知欲，活跃课堂气氛，让学生积极主动地参与到教学中。教师在教学中应抓住学生对各种事物充满好奇心的特点，根据不同的教学内容，设计出能够引发学生好奇心的导语导入新课，打动学生，吸引学生的注意力。

3. Hand——动手

动手实践就是自主探究，它可以让每个学生根据自己的体验，用自己的思维方式自由地、开放地去探究、去发现有关的知识，将学习的历史知识横向、纵向联系到一起，从而发现其中的道理。所以，只有培养学生的动手能力，才能使学生的创新能力得到发展。

4. Habit——习惯

叶圣陶先生说过"教育就是培养习惯"，历史的学习也离不开良好习惯的养成。首先，历史教学中预习是课堂教学的重要环节，学生养成预习习惯，听课时才能做到心中有数，增强听课的针对性，从而提高听课效率，达到事半功倍的效果。其次，养成上课专心听讲的好习惯。课堂是学生学习的主要阵地，是学生获取知识的主要途径。因此，养成专心听讲的好习惯，是学生掌握学习内容的关键。最后，教师要指导学生在听课过程中养成随时圈点、做笔记的习惯，听讲过程中笔不离手。当老师讲到某个对自己有启发的问题时，可以在笔记上或书上简要地记几笔，防止漏掉关键知识或有价值的知识。做好笔记也有利于以后复习、巩固知识点。学生良好学习习惯的培养需要持之以恒，是由量变到质变的过程。良好学习习惯的养成比获取知识的多少更为重要，它决定着学生以后的学习发展。因此，在教学过程中教师应采取有效措施，有意识地引导学生找出适合自己的学习方法，这是提高教学质量的重要保证。

5. Health——健康

身心健康是学生快乐成长的必备条件，也是父母最大的心愿。教师要对学生进行健康教育，帮助学生养成良好的健康习惯，形成自我保护的意识。

三、具体操作

历史学科的核心素养之一就是家国情怀。家国情怀是学习历史和认识历史在思想、观念、情感、态度等方面的重要体现，是实现历史教育育人功能的重要标志。教师要在教学中渗透家国情怀，提高教学效率，具体操作如下。

1. 导入新课

一节好课，一定在上课伊始就能以最简短的内容，紧紧地抓住学生的心，引导学生用心学习，调动学生的学习积极性。所以，在新课开始之前，教师要对上节课的内容进行检测。对这些旧知识的检测，一方面能让学生强化所学知识；另一方面有助于教师判断课堂教学中学生的学情，发现学生在知识掌握中的缺陷，及时补救，使学生处于接受新知识的最佳状态，更好地完成教学目标。

2. 展示目标

教师要引导学生用心思考，根据课程内容制定适当的学习目标，让学生围绕目标，感知本课知识结构，激发学生学习知识的兴趣，让学生积极、主动地参与其中。同时，辅之以一些激励性的语言，使学生在快乐的状态下接受学习目标，并对目标的达成产生强烈的欲望，为更好地达成目标奠定基础。

3. 学习新知

教师要指导学生养成良好习惯。教师根据新课程标准要求，围绕每一课的重点内容，精心设计探究题，题目要体现梯度性、层次性、探究性。然后由学生重点阅读教材，动脑思考，合作讨论、探究，教师检查学生对知识的理解及运用情况。学生之间就自主探究中存在的疑难问题相互提问、相互解答。自主探究结束后，教师在学生自主学习的基础上询问学生还有哪些不会或不明白的，给学生一个提问的机会，简单的知识点学生相互解答，较难的知识点小组讨论或教师引导学生思考、归纳，让学生充分感知历史，培养学生自主学习的能力，同时教师了解了学情，根据学情及时调整教学的重难点。师生互动，合作探究是课堂教学的中心环节，要做到由浅入深，层层推进。通过生生互动、师生互动探究，学生分析、理解教材内容，全面准确透彻地掌握、理解、运用知识，充分体现教为主导，学为主体，思维训练为主线的教学原则。在这一环节中，要注意教材中的图片和地图的应用。

4. 拓展升华

这一环节是培养学生自主学习、合作学习、探究学习能力的一个关键环节，是一节课的"点睛之笔"，是学生一种极好的自我反思的机会，这种自我反思的过程是一个思想升华的过程。教师在学生畅所欲言的基础上展示自己的观点，既体现了师生教学相长，又引导学生注重历史与现实的联系，做到知古鉴今，从而使学生将所学知识升华到一个更高的水平，克服了以教材为中心，以知识为中心的弊端，体现了新课程改革的理念，注重对学生情感态度与价值观的培养。

学习历史不仅有利于社会发展保持正确的方向，更能够培养个人对历史、民族、国家及社会发展的根本见解和看法，并树立正确的人生观、世界观、价值观。希望每个学生都能从历史学习中获得收获，让历史课成为学生难以忘怀的课。

数学学科"5H+T"教学模式

教研组长　张　莹

一、指导思想

以习近平新时代中国特色社会主义思想为指导，全面贯彻党的教育方针，落实立德树人根本任务，遵循教育规律，强化数学教育主阵地作用，进一步减轻义务教育阶段学生作业负担，积极构建优良学科教育生态，落实郭蕾校长提出的"五育并举"，促进我校学生数学学科学习、全面发展和健康成长，办好人民满意的教育。

二、具体措施

"5H+"即铁岭市实验学校"5H"教学模式（Head，Heart，Hand，Habit，Health）结合学科特点形成的一种新的教学模式。数学学科的核心和教学目的都是思维，所以本学科"+"的内容便是思维（Thinking，简称T），也就是"5H+T"。

1. Head——激情开头

情境导入，激发兴趣；巧妙设疑，引发思考；趣味复习，铺垫引新；出示目标，明确要求。良好的开头是成功的一半，用心设计一个联系实际的导入情境能调动学生的学习兴趣，将知识点穿插联系起来，将理论与实际生活紧密联系起来。

2. Heart——知识核心

新知探究。在这一环节，教师将知识点交代清楚，新课讲授完毕。教师做到精讲，认真整合教材，用心设计每一个问题、每一个讨论步骤，选择好每一个例题。

3. Hand——动手实练

当堂训练，巩固提高；闯关练习，阶梯训练；分层练习，关注全体；当堂检测，体现实效。在这一环节，教师给学生提供大量习题，难度阶梯上升，学生通过实战多练，巩固知识，提高能力。

4. Habit——养成习惯

课堂小结，及时归纳本节课知识要点。教师让学生养成知识点、重点题型、易错题型积累的习惯。

5. Health——健康发展

情感态度与价值观。教师让学生树立正确的世界观、人生观、价值观，懂得关注社会、关注人生、思考人生；加强感恩教育；最大限度地挖掘学生的优点，进行"激励式"评价，不吝啬自己鼓励表扬的语言，多赏识夸奖，启迪学生的思维，激发学生的学习信心，鼓励学生学习，诊断学生学习中存在的问题，促进学生的发展。

6. Thinking——思维提升

充分调动学生的学习积极性，使学生愉快地思考，主动地学习，真正成为学习的主人。培养学生思维的灵活性、严谨性、深刻性、广阔性、批判性，进而提升思维能力。

另外，结合"双减"，数学组教师对作业整体制定了改进措施。

（1）规划整体作业进度。

全组教师根据教学进度统一制定本学期的作业进度，包括月作业进度、周作业进度和日作业进度，确保作业对所学知识的巩固和延伸作用。在实施过程中，每周五教研组长和备课组长召开碰头会总结本周作业反馈情况，并根据实际情况合理调整下一周作业进度。

（2）严控书面作业总量。

按照学生的年龄特点和本学科知识特点，合理设计作业量，七年级、八年级每天不超过15分钟，九年级每天不超过20分钟。同时，以班级为单位，班主任在充分掌握本班当天各科授课内容后，统筹分配各学科作业时间比例。

（3）提高作业设计质量。

将作业设计作为校本教研和教师集体备课的重要内容，纳入教研体系，随堂化、精准化、层次化开展。深研细探，充分发挥作业诊断、巩固、学情分析等功能，系统设计符合学生年龄特点和学习规律，体现素质教育导向的作业。作业一定要与当天所学的内容相辅相成，不能超前和滞后，要精选、适量，达到让学生理解巩固知识、掌握技能、训练能力的目的。要根据学生对本学科知识的学习和掌握情况分层次布置作业，按照学情实际，可以考虑在难易梯度上分A、B、C三个层次布置作业，坚决杜绝不加选择、不分层次、不分类别的随意作业和重复性、惩罚性作业。

（4）加强作业批改管理。

教学组统一要求、制定标准，所有本学科教师都要按照本学科特点和学段要求认真批改作业。批改时要做到认真细致，批阅符号规范，批注要有针对性、启发性、指导性、鼓励性。对共性错误，教师应在课堂上统一讲解，并要求学生当堂修改，要按照"布置—检查—批改—反馈—纠正—修改—再检查"的流程进行操作。

在教务处的统一指导下，数学组要认真落实"双减"工作的具体要求，无论是课堂教学还是课后作业布置，都切实做到减负增效提质，为我校的教育教学工作做出贡献。

生物学科"5H+L"教学模式

教研组长　赵东岐

一、指导思想

结合生物学科与人类生活关系最为密切的学科特点，形成了生物学科"5H+L"教学模式，旨在从实践出发营造生物教学高效课堂。因为初中生物核心素养教学中要渗透生命观教育，学生学习生物学的目的就是把在生物课上学到的知识应用于生活，实现从生物到生活，从生活到社会，具有运用生物学知识参与社会活动、服务社会，为创建美好生活做出贡献的能力，所以生物学科的教学模式定义为"5H+L"，意指生命、生活。

二、实施细则

1. Head——动脑思考

课堂教学中学生能够积极地动脑思考，是完成学习内容的关键。思维能力是各种能力的核心，思维方法是思维能力的关键，所以思维方法在学习方法中占有核心位置。初中学生正处于发散性思维和创造性思维最活跃的年纪，教师在课堂上引发学生思维时，要做好题设，让问题一层层地推进，逐步引导学生进行思维的深入和发散，让学生形成思维定式并可以因势利导地转化为一种创新思维能力，通过严谨细心的教学过程，增强学生的科学思维能力。

2. Heart——好奇心

初中学生敏感好动，好奇心强，刚接触生物课时都是抱着万分期待的心情。如果教师能在课堂上巧妙设疑，引发学生的好奇心，激发学生的求知欲，让学生喜欢上生物这门课，凭着学生的聪明才智，生物学习将不会再是个难题。

3. Hand——动手

生物学是一门实验科学，其理论知识与自然、生产、生活都有较密切的关系，而理论知识都是来源于生活实践的，生物学科的特殊性决定了实验在学生动手能力的培养中有着十分重要而不可替代的作用。学生通过认真实验，反复操作，及时总结，可以熟练掌握显微镜的使用、标本的制作、徒手切片等操作技能，从而提高动手操作能力。学生在生活和学习中发现问题，然后收集资料提出假设，设计实验方案、进行实验、分析讨论、得出结论，这一过程可培养学生联系实际解决生物学问题的能力。生物学知识与生活实际的关系更直接、更普遍，教师要在课堂上指导学生回家进行各种生活实践活动，如种植植物、养殖小动物、自制酸奶、自酿米酒等。生活常识可以帮助学生理解生物学知识，生物学知识也可以指导学生的生活行为。无论实验成功与否，只要尝试过了总会有收获，从而培养了学生的生存能力和动手能力，使生物课成为学生积极参与、乐于参与的科学探究活动的过程。

4. Habit——习惯

对于生物学科来说，良好的学习习惯有助于形成科学的学习方法，从而提高学习效率。良好的学习习惯包括乐学的习惯、自学的习惯、总结归纳的习惯、仔细观察独立思考的习惯、科学记忆的习惯、练习反思的习惯、联系实际的习惯、做笔记的习惯等。在生物学课堂教学中，教师要注重学生的学习过程以及学生良好习惯的形成，并让学生磨炼生物学技能，这样才能更有效地提高学生的生物学核心素养。

5. Health——健康

生物学科的课堂教学内容对学生的健康教育，几乎能够渗透到每一节课的教学中。例如，学到运动、呼吸、循环系统时，向学生渗透坚持锻炼身体的好处；学到人体所需的营养物质时，教育学生合理膳食；学到细菌、寄生虫时，教育学生讲究卫生；学到呼吸、神经系统时，教育学生不吸烟、不酗酒；学到青春期生理、心理特点时，教育学生认识早恋的危害性；学到生物多样性时，教育学生保护环境，善待自然，与大自然和谐共处；等等。生物课堂教学能不断培养学生健康的理念，以指导学生健康地生活，促进学生的身心健康发展，使学生受益终身。

6. Life——生命、生活

作为基础教育中的生物学教学，理应担当起生命教育的重任，开展正确的世界观、人生观、价值观的教育，注重培养学生尊重生命、热爱生命、珍视生命的意识，从而使学生保持乐观的生活态度，懂得如何善待别人，珍惜身边的人、事、物，注重情感的交流和体验尊重他人，甚至扩大到珍爱地球，珍爱地球上所有动物、植物的生命。这才是"生命教育"的真正含义。教师要教育学生当遇到和观察生命现象时，给予这些生命最基本的尊重，生命之间的关系应该平等和谐，在教学实践中体现生命的坚韧与伟大，让学生基于对生物学概念知识的充分理解来形成生命概念。

生物学是与人类生活关系最为密切的学科，现代农业离不开它，医药卫生离不开它，环境保护离不开它，生物技术离不开它，经济和社会的发展、人类文明的进步、个人生活质量的提高都与生物学的发展息息相关。因此，教师要把生物教学与学生的生活联系起来，让学生会运用所学的生物学知识去研究身边的生物学问题。

三、具体操作程序

【第一环节：课前延伸】

通过预习的形式，根据学生的认知规律，结合学生的实际情况，从以下四个方面进行课前延伸。

1. 预习目标

根据每节课的学习目标，让学生明确预习目标，知道具体的预习内容，做到有的放矢。

2. 设计问题

根据预习目标设计问题。这些问题应既能体现新旧知识的衔接，又有利于学生掌握新的学习方法。

3. 巩固检测

通过试题检测学生预习的效果，重在对基本知识和基本方法的检测。

4. 找出疑惑

根据检测题目，找出已经掌握的问题和存在疑惑的问题。

【第二环节：课内探究】

创设情境，展示目标。

1. 教师制定切实可行的教学目标

教学目标的语言要简明准确、有层次性。教师凭借聪明才智，创设多种多样的导入新课模式，把学生的思维自然地导入新知识的学习中，并激发学生的学习兴趣，同时明确提出本节课的教学重点、难点、疑惑点。这一过程既是启动学生思维活动的过程，又是激发学生内在机制运转、促进学生识别问题关键和明确学习目标的过程。

2. 自主学习，合作探究

学生根据教师提出的问题，在已有知识的基础上自主学习、自主探究、自主掌握，不仅要学会自主分析，还要学会深度思考，同时找出自己解决不了的问题，在合作中发挥学习小组互助的力量，使理解更加深化和全面，并在合作中学会分享，达到互相促进、共同提高的目的。按照分工不同，各小组讨论的结果要形成文字，对于组内出现的有争议的问题，可以在组间进行交流合作。教师在进行生物教学时可以利用多媒体辅助教学，把实验过程通过视频的形式呈现，使学生更直观地观察生物现象，这会使学生在感受生物多彩世界的同时，提高对生物科学中的未知知识的探索兴趣。这个过程是学生思维突破的关键过程，是学生深刻理解所学知识、进行知识构建的过程，也是科学概念体系由表面进一步深化的过程。

3. 分层指导，适当调控

在学生分组探究的同时，教师要深入各小组内部，对学生在探究过程中遇到的问题，进行科学的点拨、恰当的提示，以保证整个探究活动有条不紊地进行，也便于学生通过分析、对比、综合思考等方式掌握重点、突破难点。在生物课堂教学中，我们要更多地体现师生之间的交流互动，教师要引导学生由浅入深地进行知识探索，从而让学生真正进入主动学习的状态，获得良好的教学效果，并帮助学生进行全面的知识补充和完善。针对不同层次的学生，我们要做到对基础知识的辅导和心理状态的调整，帮助他们明确学习目的，树立学习自信心，帮助他们分析生物知识的结构，完善学习方法等。对于学习成绩较好的学生，我们要尽可能多地提供可以帮助他们进行自主探索、想象的空间，以培养他们的动手实践能力和创新意识。

4. 针对练习，拓展延伸

教师根据学生的讨论和科学的预见，准备一些针对目标的、有代表性的题目让学生练习，以帮助学生进一步理解巩固所学的知识，掌握学习方法，同时通过延伸性、应用性的题目进一步拓展学生的思维，开阔学生的视野。在测评中要注意及时评价、及时鼓励，让每位学生都及时尝到甜头，及时改正错误。

5. 梳理知识，建构体系

教师引导学生对所学的内容进行归纳总结，通过梳理，找出知识的联系点，系统地掌握重点、突破难点，让每位学生都能够在学习中得到发展。

【第三环节：课后提升】

针对本节课的学习内容，教师设计探究性、开放性、拓展性、实用性问题，体现作业的高效性、实践性和趣味性。可以尝试分层练习，由于练习的难度分别与各类学生的最近知识能力相适应，是学生通过努力可以达到的，使不同层次的学生在课堂上学有所得，为学生创造了不断提升能力的条件。

在生物学科"5H+L"教学模式的实施过程中，我们还将不断探索有利于提高课堂效率的方法，在使学生获得知识的同时，增强学生的学习能力和解决问题的能力。

体育学科"5H+S"教学模式

教研组长　付 莹

根据党的教育方针，按照"双减"工作的要求，结合体育学科特点，全面提升学生的综合素质，提高课堂教学质量是当下最需要考虑的。我们的体育课不能再按照以往"一二一""向右转"的方向发展，而是要让学生学会做课堂的主人，让学生在课堂上充分发挥自主、自强的主观能动性。那么，如何培养学生的这一能力呢？

一、Head（头）——自主学习

体育教学是一个双边互动的过程，教师在教学过程中除了进行必要的、正确的示范和讲解外，还要善于创设学生自主学习的气氛和构建和谐的教学环境，积极引导学生主动地参与到体育学习中来，从而培养他们独立思考能力、自主学习能力。此外，教师还要教会学生利用媒体网络资源等课外资源进行自我学习和锻炼，引导学生制订自主学习计划、自主学习目标和自我评价体系，教会学生进行知识的自我梳理和探讨，从而为自主学习打下坚实的基础。

二、Heart（心）——角色转变

1. 注重学生在体育教学过程中的主体地位

传统的体育教学过分强调教师的主体地位、主导作用，认为学生只是一个需要教育的客体，只能被动地接受教师的教育培养，这样就导致学生主体地位的丧失，自觉性、积极性的泯灭。失去兴趣的学习，不能激发与维持学生的学习动机，不能使学生体验到满足需要的乐趣，也不利于学生进行有效的学习。例如，我们以往在课堂上经常会对学生说：不要自己乱做，我怎么教的你就怎么做。这句话一下子就让学生的探索和创新的想法泯灭了。快乐体育其实就是重视学生的主体地位，激发和维持学生学习的兴趣，让学生在教师的引导下去创新、探索、尝试，最后在不远离课程目标的基础上完成学本科所有的学习任务。因此，我们通过研讨认为，在教学中一定要注重学生的主体地位。

2. 教师在课堂教学中角色的两面性

教师、学生是课堂教学中的两个角色，在体育课堂教学中，无论是教师一方还是学生一方的心理与行为变化，都会对对方的心理和行为产生影响。这种现象在心理学与社会学理论中被称为"互动"现象，其中以教师的变化最为重要。教师在课堂教学中的角色具有两面性。教师愉快的心境能提高学生学习的兴趣，教师除了饰演自身角色外，还必须饰演学生，与学生一起练习、一起游戏、一起开怀大笑、一起做优美的动作，这对学生的积极参与起到了极大的促进作用。因此，教师在课堂教学中角色的两面性是完成一节愉快体育课的重要条件。

三、Hand（手）——合作探究

学生的学习包括三个阶段：运动的初步体验（尝试）——向新的学习目标挑战（学习）——进行创造性的学习（创新）。在体育课中，教师要尊重学生的兴趣爱好，重视学生的参与性、合作性和娱乐性，让学生自由选择喜欢的运动项目、体育器材。体育教师与班主任进行组织和指导，把课外活动变成学生的乐园，让学生从身心上得到锻炼，在个性上得到发展。

四、Habit（习惯）——学生展示

学生展示是体育课的重要组成部分，一来有利于教师检查学生的学习情况；二来可让学生互相学习，从而形成良好的学习习惯和积极向上的学习精神。

五、Health（健康）——目标达成

通过自主学习、角色转变、合作探究、学生展示，学生在学习过程中知道了如何练习，如何自我提升，如何自我评价。这样，学生既成了课堂上的小主人，又有了自我提升的能力，得到了身心的全面发展，最终实现运动目标。

六、Sweat（汗水）——快乐成长

当体育课成为学生们挥洒汗水、肆意欢笑的地方，学生们在课上努力挑战自己的极限、与他人互动、密切进行团队合作时，他们便会感悟到运动的真谛、生命本身的活力。这样的体育课才能让学生体质健康状况得到极大改善，也才能让学生内心充满阳光，变得朝气蓬勃。

物理学科"5H+S"教学模式

教研组长　孙雪娇

一、指导思想

全面贯彻党的教育方针，结合"双减"工作的文件精神，以促进学校发展为宗旨，以深化课程改革为核心，倡导"一切为了学生的发展"的教育思想。在教学中关注每个学生，注重学生的全面发展，关注学生的道德与人格养成，注重学生的情感体验，加强与学生生活、科学、技术和社会相联系的教学，注重科学探究，提倡学习方式多样化的教学，从而培养适应社会需要的人才。

二、实施细则

"5H+S"教学模式是根据我校提出的"5H+"教学理念，结合物理学科特点，积极探索充满活力的课堂教学而提出的一种教学模式。

1. Head（头）——动脑思考

学习物理要善于提出问题，形成猜想与假设；具有学习和研究物理的好奇心与求知欲，能主动与他人合作，尊重他人，能基于证据和逻辑发表自己的见解，实事求是，不迷信权威。

2. Heart（心）——用心学习

学会联系生活、生产，不仅要学到物理知识，更要明白生活中哪些现象可用什么物理知识来解释，同时会用物理知识指导生活、为社会生活服务。

3. Hand（手）——动手实践、实验操作

学习物理要具有对实验探究过程和结果进行交流、评估、反思的能

51

第二章　工作室的『5H+』教学模式探究

力。在物理学科教学中，要让学生经历与科学工作者相似的探究过程，从而领悟科学探究方法，发展科学探究能力。

4. Habit（习惯）——形成良好的习惯

在认识科学本质，理解科学、技术、社会、环境之间关系的基础上逐渐形成对科学和技术应有的正确态度以及责任感。热爱自然、珍爱生命，具有保护环境、节约资源、促进可持续发展的责任感。

5. Health（健康）——形成一个健康的身体、健康的人格

物理学习的主要目的不仅是学到物理知识，更重要的是通过学习物理知识，学会学习，学会探究，形成正确的价值观、人生观。

6. Science（科学）——学生通过物理学习内化带有物理学科性质的品质

形成科学的物理观念，利用科学探究，形成科学思维、科学态度。思维是人脑对客观事物间接的和概括的反映，是在表象、概念的基础上进行分析、综合、判断、推理等理性认识的过程。物理学科教学要通过对学生科学思维的训练，引导学生尊重事实和证据，培养实证意识和严谨的求知态度；理性务实，逻辑清晰，能运用科学的思维方式认识事物、解决问题、规范行为等。

三、具体操作

初中物理是物理学习的基础阶段，也是中学生最早接触的一门系统性的自然科学。物理学科较为抽象难懂，从学科的整体性来看，其基础知识的学习非常关键，直接影响以后物理知识的学习。由于有些物理知识较为抽象难懂，很容易令学生产生厌烦心理，这就使得营造轻松、易懂、科学的物理课堂成为现阶段物理教学的重点。结合学科特点及现代化的物理手段，顺应本校提出的"5H+S"教学模式，现将我们物理组课堂教学模式具体阐述如下。

1. 多种方式导入新课，出示目标

教育学和心理学研究表明，课堂教学的前5分钟为"思想的安顿和学科思维的转换期"，是教学效率较低的时段。如何缩短这个低效时段呢？"5H+S"教学模式利用这5分钟以检测方式导入新课，强调检测内容与新授课内容之间的联系，而不是单纯地复习，用前提诊测题目为新课做好铺垫，学生动脑、用心思考，扫清可能遇到的障碍。如果本节课内容不需要用前边的知识做铺垫，就设计生动有趣的、贴合生活实际的实验，或者魔术，或者视频，导入新课，激发学生的求知欲、探索欲，使学生在情境中沉浸式学习，通过学习来解决实际问题，体现"从生活走向物理，从物理走向生活"的理念。

2. 小组合作，分组探究中达成目标

教师根据教学目标布置自学提纲，或利用学案教学，学生在规定时间内自主读书，而后进行小组间交流。在这一过程中，教师巡视、辅导，发现共性问题，并进行精要讲解。针对不同章节的特点，这一环节在具体实施过程中可以是导学交流："导"指教师恰当地指导和点拨，教师是学习的引导者；"学"指学生自主地学。"导"和"学"有机结合，实现真正的"5H+S"课堂。

教师强调注意事项，各小组分组探究，教师巡回指导，发现问题并启发和引导。探究结束后，各小组汇报实验记录结果，投影展示，发现规律，教师引导交流、评估。这个环节注重实验过程，尊重学生探究欲望，培养学生动手能力与合作交流意识，使学生真正成为学习的主人。

这一环节的互动，应为多维互动，教师与学生、学生与学生之间保持互动状态。教师呈现问题后，必须留有时间让学生独立思考，然后与其他同学交流，而不是做一个毫无思想和主见的看客。各组之间要相互帮助、相互补充，既要竞争，又要合作，还要相互鼓励，从而掌握一定的实验技巧和用数学处理物理问题的能力，同时养成正确的价值观。

3. 精要点拨中内化目标

对集中性的重点问题，教师采取讲授的方式，但要控制时间，能让学生讲解的尽量由学生完成，让每个学生的思维活跃起来。解疑要有针对性、时效性、科学性和准确性，针对学生的疑点、难点和易错点。对于试卷和作业可能存在的问题要及时重点强调，不能超过时效性。所讲内容不能有科学性错误，要清晰准确，不能模棱两可。为了培养符合时代发展需要的理想人才，为了使学生全面发展，要让学生整体地了解科学发展及其与社会科学的相互渗透。

4. 小结梳理，反馈成果

师生共同对本节课的内容进行梳理归纳，对学习方法进行总结。有效的反馈是目标达成的必要保障。教师围绕学习目标进行学习效果的检测，一般5分钟，然后组内学生之间互评，教师对各组进行比较并给出评价。

我们在努力探索、实践着高效的"5H+S"课堂教学模式，争取在这种模式下让学生不仅学会动脑思考、用心感悟，也学到科学知识和科学研究方法，增强科学能力，提高动手实践的能力，养成正确的科学情感态度与价值观，形成一种终身的科学习惯，同时正确认识科学、技术与社会的关系，大大提高科学素养，形成一个健康的体魄和人格。

信息技术学科"5H+IL"教学模式

教研组长　庄严

为全面贯彻党的教育方针，扎实做好"双减"工作，提高教学效果，促进学校内涵发展，根据我校"5H+"教学理念，结合信息技术学科实际，特制订本实施方案。

一、指导思想

按照教育局的相关文件要求，以切实减轻学生课业负担为突破口，以精致化管理为抓手，以课堂教学改革为主阵地，以强化德育、提升自主学习能力为重点，深入探索增效的策略、方法和途径，逐步建立和完善"双减"的长效机制，推进学校科学内涵发展。

二、具体实施

"5H+"即铁岭市实验学校"5H"教学模式（Head，Heart，Hand，Habit，Health）结合学科特点形成的一种新的教学模式。信息技术学科的核心和教学目的都是提高信息素养，所以本学科"+"的内容便是信息素养（Information Literacy，IL），也就是"5H+IL"。

信息素养的本质是全球信息化需要人们具备的一种基本能力。信息素养这一概念是信息产业协会主席保罗·泽考斯基于1974年在美国提出的，简单的定义来自1989年美国图书协会（American Library Association，ALA），包括文化素养、信息意识和信息技能三个层面，即能够判断什么时候需要信息，并且懂得如何去获取信息，如何去评价和有效利用所需的信息。对学生信息素养的培养就是对学生适应未来社会的能力的培养，同时符合"双减"政策要求，高度契合我校的"五育并举"举措，与"5H"相结合，形成具有铁岭市实验学校信息技术学科教学特色的"5H+IL"教学模式。

1. Head——动脑

信息技术学科采用自主学习和小组探究的方式开展课堂教学，最大限度地激发学生的想象力，让大脑真正动起来。

2. Heart——动心

通过创设情境和任务驱动的方式，让学生积极主动参与到学习中去，由脑入心，不断提高学生学习的主观能动性，进一步提升学习能力，将所学知识内化于心，从而形成自身的信息素养。

3. Hand——动手

培养动手能力是信息技术课堂的主要目标之一，也是课堂的主要内容和形式，通常信息技术课堂都以任务驱动开展，学生通过完成一个个小任务获取知识，提升实践能力。同时，要一课任务一课毕，切实减少学生的课业负担。

4. Habit——习惯

在教学过程中，让学生在实践操作中发现问题，并想办法解决问题，让学生在享受成就感带来的喜悦的同时，养成不逃避难题，敢于面对困难的好习惯；在不断积累信息技术知识和提升知识应用能力的同时，养成良好的使用信息技术设备的习惯。

5. Health——健康

在三维目标的情感目标中时刻渗透安全知识，积极引导学生认识与应用计算机和网络，让学生养成正确的网络安全观，健康地获取信息，使用信息。通过情感目标完成爱国主义教育，培养学生健康向上的人生观、世界观。

6. Information Literacy——信息素养

我校的信息技术学科教学核心和目标是培养学生的信息素养。中小学教研组先后多次联合教研，对中小学的教学内容进行了统一规划和调整，使之符合我校学生和学校的实际情况，切实做到中小衔接，实现内容、意识和技能多层面的提升，进而促进学生信息素养的提高。

三、五环节教学法

为了进一步落实"5H+IL"教学模式，我们总结归纳出"五环节教学法"。此教学模式把课堂教学分为五个环节：创设情境，明确任务；合作学习，自主探究；小组探索，实践创新；综合练习，展示作品；课堂小结，多元评价。

1. 创设情境，明确任务

教师以生活中的真实场景来创设情境，引入主题；学生感知情境，产生疑问。教学中教师要注意利用学生的兴趣，创设一定的教学情境，来激发学生的情感，以此更好地激励学生进行探索，从而达到研究问题、解决问题的目的。

2. 合作学习，自主探究

通过各个击破的学习，学生在"自学—尝试"的实践中温故知新。采取任务驱动的方式让学生在完成任务的过程中学到新知，巩固旧知。在自主探究过程中，如果遇到困难，学生可以使用三种求助方式：一是求助"问题博士"（每个小组中最先完成任务的学生为"问题博士"）；二是求助老师；三是求助网络。这样既能避免学生在学习过程中遇到困难时的盲目性，又能提高课堂效率。

另外，教师要针对学生的年龄特点，以更合适的语言吸引学生的注意力，以此达到促进教学的目的。

3. 小组探索，实践创新

学生进行分组学习，教师及时提供指导，引导学生从活动中获取知识、提升能力、升华情感。采用小组讨论、探索、汇报的方法，充分发挥学生的自主、合作和创新意识。对信息技术课程而言，学生学习的重心不应放在学会某方面的知识上，而应放在学会学习、掌握方法的能力培养上。学生利用信息技术解决问题的过程是一个充满想象、不断创新的过程，也是一个科学严谨、有计划的动手实践过程，教师在教学过程中还应注意防止出现"放羊式教育"现象，所以以教师为主导这一点是必不可少的。教师是一个教学过程的组织者、指导者、促进者和咨询者，其主导作用可以使整个教学过程更加优化。发挥教师的主导作用是教学过程中重要的环节。

4. 综合练习，展示作品

信息技术的学习重在把所学知识综合起来进行创造性应用。通过知识的综合练习，可以达到建立知识链接、强化记忆的效果。学生通过展示作品，交流设计意图的过程，充分体验创作的愉悦和成功的快乐。教师将优秀的学生作品发布到铁岭教育资源公共服务平台上，供学生进行在线交流和探讨。

5. 课堂小结，多元评价

课堂小结能够及时引导学生把所学知识系统化、结构化，在加强"双基"的同时培养学生的能力。教师巧妙运用分层差异教学，以多元评价激励学生循序渐进地培养兴趣习惯，实现学生个体的自我发展，使学生获得成功的过程体验。

音乐学科"5H+F"教学模式

教研组长　林世崧

为认真贯彻党的教育方针，落实好中共中央办公厅、国务院办公厅《关于进一步减轻义务教育阶段学生作业负担和校外培训负担的意见》要求，遵循学生身心发展规律，激发学生学习潜能，全面贯彻"双减"工作方针，实施"五育并举"教育策略，根据我校"5H+"教学理念，结合学科实际，特制订本实施方案。

一、指导思想

以党的十九大精神和习近平新时代中国特色社会主义思想为指导思想，结合我校"双减"工作的相关要求，贯彻落实"五育并举"教育策略，以促进学生全面发展、健康成长为突破口，以达到有效减轻学生过重作业负担和校外培训负担、使学生能够真正感知音乐、使音乐美育课程完全渗入学校德育教育中的目的。

二、实施措施

音乐课程的价值在于为学生提供审美体验，陶冶情操，启迪智慧；开发创造性发展潜能，提升创造力；传承优秀民族文化，增进对世界音乐文化丰富性和多样性的认识与理解；促进人际交往、情感沟通及和谐社会的构建。结合学科特点，音乐学科提出"5H+F"教学模式。

1. Head（头）——充分动脑

根据音乐学科特点，在课程导入、音乐欣赏、创编活动过程中，教师采取语言引导的方式，为学生提供丰富的想象空间。学生通过听音乐作品旋律、看图片和视频、想象音乐场景，快速进入课堂教学内容中。

在这一环节中，教师不是开篇点出课程的主题，而是借助与主题相关联的音乐、图片、视频等元素，让学生充分动脑，从而提高学生对学习内容的好奇心和专注力。

2. Heart（心）——情境创设

在学生动脑想象音乐画面和场景的前提下，教师为学生创设音乐情境，让学生用心感受音乐，而不是简单地听音乐。学生通过用心体会和感受，能够发掘出音乐作品的内涵，从而更好地了解和掌握音乐作品的作者、创作背景、情绪等内容。

学生在感受音乐的过程中，可以以小组为单位进行讨论，交流自己对音乐的感受和理解，最终形成统一的观点。教师在这一环节要采取正确的引导方式，以创设情境为主，不能以自己对音乐的理解将作品定性，要充分发挥学生的想象力和创造力。

3. Hand（手）——实践合作

教师引导学生运用课程中简单的单声部乐器、打击乐器进行音乐作品创作，以小组为单位进行音乐创编和为音乐主题伴奏等活动。教师在限定小组旋律乐器、打击乐器编制的前提下，将音乐创编过程交由学生自主完成。通过对音乐的创编，学生不仅提高了自己动手演奏简单乐器的能力，更能够发挥同学间协作的作用。

此环节中，教师要鼓励学生充分发挥自己的想象力，大胆提出自己的意见，最大限度地发挥创造性思维，以此调动学生动手参与的积极性。

4. Habit（习惯）——培养习惯

初中阶段音乐学科要求学生熟练掌握五线谱。教学过程中，教师要充分培养学生识谱、唱谱的良好习惯，通过每节课对音符、符头、符干、调号、谱号等内容的讲解，逐渐提高学生对五线谱的掌握和熟练程度。表现音乐的最好方式就是唱和演，教师在教学过程中要为学生创设展现自我的平台，注重培养学生用唱和演表现音乐的良好习惯。

此环节的创设，不仅在强化学生音乐理论知识掌握方面有一定作用，更为学生提供了锻炼自己的机会，使学生变得勇敢，增强学生人际交往和情感沟通能力。

5. Health（健康）——树立心态

通过对音乐课程中具有健康积极内容的音乐作品的学习，学生在充分感知音乐的同时，理解音乐内涵，树立健康向上的正确心态，促进身心健康发展，从而使美育教育充分贯穿到音乐学科的教育教学过程中。

6. Feel（感受）——充分感受

每节课教师在完成教学内容的基础上，要注重学生对音乐内容的感受力。下课前5分钟，教师总结课程内容，引导学生在巩固课程知识的同时，充分感受音乐内涵，通过对音乐的认知和理解，发现事物的美好，以此达到促进人际交往、情感沟通和社会和谐的目的。

英语学科"5H+C"教学模式

教研组长 牟 丹

一、指导思想

根据我校提出的"5H+"教学理念，结合英语学科语言交流与国际文化交流的特点，形成了英语学科"5H+C"教学模式，旨在积极探索充满活力的课堂教学。除"5H"外，英语学科的特点在于communication，即沟通、交流。此外，在义务教育阶段开设英语课程的目的就是提高我国整体国民素养，培养具有语言交际能力、创新力和跨文化交际能力的人。

二、实施细则

1. Head——动脑

动脑在学生对学习整体环节的掌握上发挥着重要作用。一般情况下，学生只是单纯地听、说、读、写，如"复制"般学习。教师要善于观察，多方引导，发展学生的思维力，引导学生发现问题，以此增加学习兴趣。

2. Heart——动心

引导学生用心思考，在情境导入中展示目标。在导入新课时，围绕目标，抓住新知识的连接点，给学生创设一个适当的语言情境，使其有身临其境的感觉，以激发学生学习知识的兴趣，让学生积极、主动地投入其中。在情境导入过程中抓住时机，利用情境适时将目标展示在学生面前，可以使学生在自然而然的状态下接受目标，并对目标的达成产生强烈的欲望，从而使学生在内心深处对师生合作达标活动形成默契。

3. Hand——动手

动手即行动起来，行动是很简单的事情，但立刻采取行动却是困难的事情。只要学生能够行动起来，思想活跃起来，将进行英语学习与快乐、幸福、成就的神经链联系在一起，而将不学习与痛苦的神经链联系在一起，就能集中精力，克服拖延，严格而快乐地按照计划进行英语学习，达成学习目标。

4. Habit——习惯

英语学习离不开听、说、读、写四个习惯的养成，英语教学中，教师可以让学生听几分钟短文，注重对听力内容的把握，如时间、人物、主要事件等，再分句分语意地去听，如果最后能够复述出来就更好了。记忆是英语学习的基础，在英语学习中多背诵默写，也是提高记忆力的方式。当然，理解记忆是要放在首位的。课前一分钟即兴讲话，应用所学的知识去讲解见闻，可以增加学生学习英语的信心，让学生学会整理、表达自己的思想，这对提高学生公众表达能力非常必要。教师可以引导学生读中外名著或伟人传记，与高层次的思想对话，先从简易版本出发，可挑选其中的段落或简单的文章。随着学生年龄的增长，他们的可塑性会更大，教师要让他们树立正确的价值观，找到正确的榜样，感受伟人的感染力和教育力，如果能摘抄一些好词好句，用于日后的生活中则更佳。这是紧扣教学目标，总结反馈情况并予以矫正的过程，是英语目标教学中的关键一环，是提高教学质量的重要保证。

5. Health——健康

教师要在三维目标的情感目标中时刻渗透健康知识，积极引导学生养成良好的健康习惯、饮食习惯，形成适合自己的健康的作息时间；通过情感目标完成爱国主义教育，培养学生健康向上的人生观、世界观。

三、具体操作

语言需要沟通，因此英语目标教学的设置应紧紧围绕沟通展开。如果没有规范的英语教学模式，英语目标教学就会陷入一种无章可循的境地。具体操作如下。

1. 在前置测评中温故而知新

引导学生用心学习。每一堂课的教与学都不是独立进行的，而是旧知识的拓展和深化。因此，在新课开始之前，要对学习本节课内容所必需的相关知识与技能进行检测。在教学实践中，检测的主要内容是与新知识有关的旧词汇、旧句型、旧语言点等。通过对这些旧知识的检测，教师可正确判断课堂教学中的主体——学生的学情，为完成本节课的教学目标服务。

2. 在模仿操练中实施目标

指导学生用行为养成习惯。初中学生学习外语已不似婴儿学习母语那样自然，要想让他们将英语掌握成一种得心应手的交流工具，就必须靠多讲、多练、多模仿。模仿操练是英语学习最为有效的理想手段，一般可分为以下几个步骤：教师演示讲解，学生观察领悟；学生模仿操练，教师检查纠正；学生再讲再练，直至基本达标。在操练过程的设计中，除了要注意围绕目标之外，还要注意英语教学是一个听、说、读、写的训练过程，在操练中分清主次，针对目标，有轻重缓急地对这四项技能进行恰到好处的训练。学生在知识基础、学习能力等方面都存在着差异，所以在操练过程中要时刻体现"因材施教"的教学原则，在操练题组的设计上分开层次，以便大面积提高教学质量。在题组的设计过程中还要着眼于一个"精"字，所选的句型、对话等要有针对性、代表性，为下一步目标的达成创造条件。

3. 在反馈矫正中达成目标

用健康的习惯达成目标。这一环节应用的主要方法是形成性测试，以了解课堂教学效果和掌握学生的达标情况。测试时间一般控制在5分钟，内容一般选择针对目标、代表性强的题组。测试后当即公布答案，由学生自行评定，教师根据测试情况及时纠正补救，做到检测是手段、矫正是目的。

学习英语不仅有利于学生更好地了解世界，学习先进的科学文化知识，传播中国文化，增进他们与各国青少年的相互沟通和理解，还能帮助他们形成和发展跨文化交流的意识与能力，促进思维发展，形成正确的人生观、价值观和良好的人文素养。

地理学科"5H+G"教学模式

教研组长　金玉梅

基于国家"双减"政策，全面贯彻落实党的教育方针，以立德树人为根本任务，努力让每个学生享有公平而有质量的教育，引导学生全面发展，推动义务教育优质均衡发展，促进"五育并举"，扎实推进我校地理学科"5H+G"教学模式。

"5H+G"教学模式分为以下六个部分。

一、Head：独立思考

教师创设情境，导入新课（导入要有情景性、启发性，可采用地理图片、地理视频等）；在明确学习目标之后，学生参照学案要求，认真阅读教材内容，查阅相关知识，自主完成学案上的学习内容，并记录学习过程中的疑惑。此过程需要学生独立思考和自我反思，厘清知识的前因后果关系，初步掌握学习内容。

二、Heart：用心交流

1. 组内交流

学生在自主思考的基础上，带着各自的疑难问题进行组内讨论，解决学习中的疑惑，或者对预习学案进行组内批阅、交流，相互检查落实情况。小组长调控学习状态，并总结小组共同的疑难问题，准备在班内交流。在这个过程中，教师也可以小组成员的身份参与某一小组的交流讨论。

2. 班内交流

在教师的调控指挥下，各小组代表依次展示小组的学习成果，表达小组的观点和看法，提出小组疑惑的问题，达到引发讨论、共享成果的目的；各小组在班内展示、交流和评价，学会聆听，积极思考，大胆发表自己的见解。教师注意捕捉学生对地理问题分析的新观点、新方法，营造多维互动氛围，并给予适时引导，保证展示的方向性和顺畅性。

三、Hand：动手操作

绘制地图是地理读图过程中的"动手操作"环节，让学生自己动手绘图，有利于加深学生对知识的理解与记忆，更好地建立起地理事物的空间联系，将原本抽象的地理概念具体化，将独立的知识点整合到同一幅地图上，帮助学生落实地理事物的空间位置和相互联系，巩固对地理知识的理解和记忆。更重要的是，学生还获得了锻炼动手能力的机会，在无形中掌握了观察地理事物的基本方法，逐步发展对地理图像和地理事物的理解、想象、分析等思维能力与解决地理问题的能力。

此外，教师还可以引导学生制作各种地理教学图表。地理图表的制作能力也是学生动手能力的一个重要方面，因此教师要指导学生将有关的地理表象信息和各种地理事物在时空上的分布，通过图形形象直现地表达出来。例如，运用气温、降水资料绘制出气温曲线和降水量的柱状图。通过绘图训练，学生在获取知识的过程中动手能力也得到了锻炼，实现了"学习对终身发展有用的地理"理念。

四、Habit：自主归纳

教师在充分参与学生的研究、展示、评价过程之后，对暴露出的问题要进行精讲点拨。精讲中尤其要注意从思路、规范、规律和方法等方面进行总结归纳，拓展延伸，引导、激励学生进行深度思考和研究，教会学生举一反三的分析方法，并预留给学生整理学案、反思内化的时间。成功的课堂小结能帮助学生加深理解整节课的内容，有利于培养学生归纳、概括能力和语言表达能力。课堂小结主要由学生自己总结收获、经验和教训。学生会从大量个别的实例中，通过观察、比较、分析、综合，掌握"会学"的本领。因此，学案后面应留有学生用于小结的空间。事实表明，学生自己概括的概念往往掌握得更牢，自己总结的规律更会灵活运用。总结可以是文字归纳，也可以是结构图表；可以是读书笔记，也可以是学生自己创作的作品，形式应丰富多彩，不拘一格。

五、Health：可持续发展观念

地理教科书封面出现的蔚蓝色地球的美是无与伦比的，美的存在使人类的生命更有意义。宇宙的神秘性，万物的多样性，绚丽多姿、异彩纷呈。地理之美不仅有大自然风光的美，也有人文景观的美，还有人与自然平等、共生、共存、协调发展的和谐之美。地理教学要引导学生认识地理学科独特的自然、人文属性，认识大气、岩石、地形、土壤、水文、生物等自然地理环境；通晓与人口、宗教、文化、城市等相互交融、协调发展而构成的地理可持续发展思想；领悟这些人地关系协调发展相互作用之理、时空分布之理、变化之理；了解人类活动在大自然沧海桑田变化进程中的作用，通晓其形成的地理背景，提高认识地理知识的能力。

因此，教师在教学中不仅要帮助学生获取地理知识、掌握可持续发展理论，还要培养学生运用地理思想科学地改造地理环境的能力；教育学生正确对待我国人口、资源和环境问题，进一步养成积极向上的人生态度，依法规范自身行为和影响他人，并以力所能及的实际行动保护环境，节约资源和能源，将人口观、资源观、环境观以及可持续发展观教育渗透在教学过程中。

六、Global consciousness：全球意识

教育的根本任务是培养社会需要的人才，因此，在具有中国特色的社会主义建设的新时期，培养学生的全球意识显得尤为重要。

无论是自然地理还是人文地理，均广泛渗透着全球意识，不同的是部分知识将全球意识体现得更明显。例如，地理环境的整体性、资源开发与利用、国际经济与政治格局、环境问题等知识明显指出了资源开发、经济发展需要放眼全球，并且要综合考虑地理环境各要素的相互关系。但有些知识中全球意识又蕴藏得很深，例如，南极地区因地处高纬度，气候寒

冷，从而形成极地高气压带，由于大气下沉，降水稀少；因为气候寒冷，降水稀少，所以生物难以生存，只能生存极度耐寒的生物；因为生物难以生存，所以土壤发育程度低；又因为气候寒冷、土壤发育程度低，所以无法进行农业生产，也就没有常住人口。这个例子表面上看，南极的基本状况就是气候寒、降水少、土壤发育程度低、没有常住人口和人类生产活动，但实际上地理位置、太阳辐射、大气环流、土壤发育、生物分布、人类活动等要素均相互影响、相互制约。因此，在教学中进行深入挖掘既有利于学生知识的掌握，又有利于学生全球意识的培养。

全球意识不是一个简单的知识点，而是一种重要的思维方式。要培养这种思维方式，就需要让学生习惯性地运用这种思维，还需要在漫长的教学过程中不断熏陶和引导。例如，从一张热带雨林的景观照片，我们可以直接感受到热带雨林植物生长很旺盛，一般教师在此可能会向学生讲解热带雨林中气候高温多雨。但如果我们在气候和植物的基础上，让学生推测如下问题：①热带雨林的动物生长速度、行动方式具有哪些特点？②热带雨林的土壤肥力情况如何？③热带雨林地区人口、城市密集与否？④如果热带雨林遭到破坏，对全球生态环境会有什么样的影响？学生便会产生地理环境的整体性思维。总之，培养学生的全球意识，对发散学生的思维、激发学生探索科学的兴趣和大胆猜测的精神，加深学生对知识的理解，进而促进资源优化配置以及社会、经济、环境的可持续发展均有着积极作用。教师需要在教学中深入挖掘教材并采取适当的方式培养学生的思维。

地理新课程标准指出：学习对生活有用的地理；学习对终身发展有用的地理。教师要在课堂中注重将初中地理课程与学生的生活实际紧密结合，在过程与目标上要求学生尝试从学习和生活中发现有关地理问题，提出探究的方案，与他人展开合作，开展调查研究，提出解决问题的对策。在情感态度与价值观方面，要求学生通过在生活中学习养成求真务实的科学态度和高尚的人文素养。地理知识和我们的生活实际有着密切的联系，收集生活中的地理知识和社会热点问题，可以拓宽学生的知识视野，让学生在理解、分析和解决问题时思维更加活跃与全面。这样可以使学生在学习地理知识的同时与实际紧密结合，有利于灵活运用知识解决实际问题。

综合实践学科"5H+P"教学模式

教研组长　刘娱彤

为深入贯彻落实中共中央办公厅、国务院办公厅《关于进一步减轻义务教育阶段学生作业负担和校外培训负担的意见》和铁岭市教育局有关文件精神，特制定综合实践学科的"5H+P"教学模式。

一、Head（头）——自主学习

综合实践学科作为一门新兴中考考试学科，有着独特的趣味性和可操作性，激发着中学生的学习兴趣。为了充分发挥学生在课堂上的主体作用，教师要制定切实可行的主题式教学模式并善于创设自主学习的气氛，使学生积极主动地思考，为自主学习打下坚实的基础。

二、Heart（心）——角色转变

教师要注重学生在综合实践教学过程中的主体地位。传统的综合实践课堂以教师讲授为主，教师起到主导作用，不利于激发学生的学习动机，导致学生失去学习的兴趣。例如，《古今中外话桥梁》这一主题，传统的课堂上，我们往往是以教师讲授为主，介绍中西方桥梁的相同与不同，学生以被动接受为主。而如今的综合实践课程以学生为主体，学生分小组合作制订学习方案，自主探究自己最喜欢的古今桥梁，从而成为课堂的主人。综合实践课堂就是要重视学生的主体地位，让学生在教师的引导下去创新和探索，从而培养学生的动手实践能力。

三、Hand（手）——合作探究

综合实践课程的主题式教学模式包括三个阶段：主题式学习的确立（学习）——小组合作探究（探究）——进行创造性的学习（创新）。在综合实践课堂中，教师要尊重学生的兴趣爱好，重视学生的参与性、合作性，让学生进行小组合作学习，从而培养学生的团队合作意识和动手实践能力。

四、Habit（习惯）——多元课程

结合中学生的认知结构和年龄特点创设多元课程，也是综合实践学科"5H+"教学模式的重要组成部分，从而实现减负课堂下的高效课堂。我校综合实践多元课程有《美味三明治》《学做紫菜包饭》《大家一起放风筝》《中国古代神话故事》《中国服饰发展史》等，特色可操作的课程可以很好地让学生融入课堂，乐于探究，在课堂上完成所学内容。

五、Health（健康）——身心健康

通过自主学习、角色转变、合作探究、多元课程，学生在自主学习的过程中学会合作探究，培养动手能力，既成为课堂上的小主人，又有了自我提升的能力，进而促进身心健康发展。

六、Practical（实践）——实践能力

综合实践学科作为一门综合性学科，旨在培养学生的动手能力、实践能力。教师通过主题式教学模式，把课堂交给学生，让学生在合作中探究，在探究中培养学生的实践能力，从而提高学生的动手能力。

例如，《美味三明治》这一主题，通过小组合作培养学生动手制作美食的能力；《无土栽培初体验》这一主题，通过小组合作培养学生的生活技能。

美术学科"5H+C"教学模式

教研组长　黄明惠

"双减"政策是近期社会关注的焦点。回顾之前教学的种种情景，结合我校"5H+"教学理念，如何在有限的时间内有效地开展美术教学活动，使教学过程更好地促进学生发展呢？这是我们一直在探讨的问题。一堂高效、有序的美术课，应该是活而不闹，课堂气氛轻松，学生思维活跃，创作表现时静心、细心、耐心。

我校提出的"5H+"教学理念包含两个部分，其中"5H"有Head，Heart，Hand，Habit，Health，而"+"既要结合学科特点，又要对教学目标进行提炼。美术学科旨在让学生学会欣赏美、感受美，从而达到创造美的目的，所以本学科"+"的内容便是创造（Create，简称C），也就是"5H+C"。

一、Head——动脑

以学生兴趣为出发点，组织学生开展深度学习。深度学习不是深在知识难度上，而是要精心设计问题情境和探究活动，激发学生主动探究的欲望，引导学生借助已有知识和经验开展自主探究性学习。

二、Heart——动心

通过创设情境，让学生带着积极的情感"愿参与"，借助已有认知经验"能参与"，通过多种感官或行为"真参与"，将知识牢记于心，从而提高学科素养。

三、Hand——动手

美术学科具有极强的实践性，注重学生对美术作品的感受与体验，让学生在动手操作中体会和探究问题，逐步形成一定的美术技能与技巧。动手做是美术学科的根本，也是创造美的实施途径。

四、Habit——习惯

在实践过程中，针对不同学生的动手表现，给予及时鼓励与认可，让学生获得不同的成功体验，从而养成动手习惯；在教学过程中，引导学生听取不同的观点，分享彼此的经验，养成合作学习的习惯。

五、Health——健康

生活是一切美的发源地，而一个对生活充满热爱和感情的人，一定是具有健康心理素质的自信的人。在美术教学中，教师要多带学生观察身边的事物，让学生用自己的亲身感受与体验，用自己的双眼发现生活中的美，并自信地对生活中的这种美进行提炼与表现，从而激发学生对生活的热爱，培养积极向上的人生观、世界观、价值观。

六、Create——创造

美术课程的学习需要学生不断地思考与创新，创新是美术学习的重点。教师要让学生亲身体会创造热情，积极参与到艺术活动中，提高学生的艺术素养与发现新事物的能力。在教学过程中，教师要积极引导、培养学生独立绘画的能力，还要鼓励学生积极思考，提出更多新想法，将个人的情感与理念融入作品中，提高学生的核心素养。

第
三
章

工作室的班主任
管理策略研究

用智慧去管理温馨班级，
用活力来驱动高效课堂

铁岭市实验学校　时艳莉

班级管理是一门学问，一门智慧的学问。我认为这门学问的智慧体现在两个方面：一要智慧地爱学生，二要智慧地管理班级。

一、智慧地爱学生

爱学生是作为合格教师的底线，也是作为班主任的衡量标准。没有爱，班级就没有生机，所以爱班级里的学生也要爱得智慧，爱得艺术。

1. 认真倾听学困生的感受和他们的需要

有一次，我让每个学生写出自己最困惑的事情，有个学生这样写道："老师，其实我们也特别想问老师问题，但是任课老师都是围着成绩好的学生转，我们哪里有机会问啊！"在班级里优等生的待遇很优越，而希望老师关注的学困生只能默默等待，往往成为老师忽略的对象。所以，对待学困生，我们应该蹲下身子侧耳倾听，做他们忠实的听众，去感受他们的需要。

2. 点燃贫困生的自信

贫困生，因为家庭经济条件差，心理上往往觉得比他人矮一截，缺乏自信。因此，对于贫困生，教师要学会巧妙地无声无息地从各方面帮助他们，鼓励他们大胆表现自我，以培养他们的自信心。

3. 抚慰特殊生的心灵

现代社会的发展，造就了一大批留守生、空巢生、单亲家庭学生等特殊学生，这类学生普遍在亲情上有所缺失。所以，在工作中我们应该多关注他们，多爱他们，让他们从老师身上感受到父爱、母爱。同时要及时与学生家长联系，让家长能在工作之余给予孩子应有的亲情。

二、智慧地管理班级

作为班级的管理者，班主任在班级的管理中起到不可或缺的作用，所以优秀的班主任要有"管"的智慧。

1. 班干部的培养

班干部在班主任的工作中起到不可或缺的作用，我把他们称为班主任的左右手。但是时间久了，有些班干部会产生懈怠心理。为了激发班干部的积极性，我在班级民主选举了两组班干部，每一组班干部工作两周，一个月后进行评比，看看哪一组的工作效率更高，得到学生的认可度更高。这种方式不仅能培养班干部的责任心与自信心，而且能让班主任的工作从繁重走向简单与轻松。

2. 班主任放手，让学生管理学生

要建立有管理能力、有责任心的班级领导核心，就要实行分工责任制，并鼓励班干部发挥模范带头作用。班级每项活动均由班干部出面策划，班主任只是幕后指挥，功劳全在班干部。我认为班主任放手，让学生管理学生，应该成为班主任管理工作中的一个重要环节。所以，在班级管理工作中，班主任要充分发挥班干部的能动性，让每个学生参与进来，激发每个学生的积极性和自主性。同时，班主任起到引导和督促的作用。

3. 激发内力，纠正疏导，促成自我教育

让学生为自己设计成长档案，能有效激发学生渴望进步的原动力。经过每学期的填写，学生在自我认识的同时悄悄修正自己。让每个学生建立"自律本"，通过"自律本"，一方面促使学生调控自己、约束自己、教育自己；另一方面也促进了班级文化氛围的形成。 撰写"自我教育说明书"，如果学生违反了班规，那么这名学生就要写一份说明书。说明书不同于检讨书，因为学生所站的角度不同，所以其写的情感及效果也不同。写说明书是让学生做自我心理裁决，让学生心平气和地思考所作所为的利弊关系，悄悄地将师生矛盾转化为学生的自我矛盾。学生"新我"与"自我"斗争，正是自我教育的最佳方式。

做班主任不容易，做充满智慧的班主任更难！既然我们选择了教育事业，就应该为它散尽我们的光和热。

但是一位成功的教师要有两把刷子，一把是班级经营，另一把是教学能力，两者相辅相成。班级经营良好，有助于提升教师教学的效率，因为上课时教师不需要在维持学生学习的秩序或态度方面费心，能将全部的时间及心思用于教学上；而良好的教学，对于班级经营亦有正面的效果，教师在教学前有充分的准备，教学时讲究教学方法，讲解清楚，引人入胜，并时时维持教学活动的流畅进行，则学生的注意力将被教师的教学所吸引，从而大大提升学生的学习意愿，集中学生的注意力，学生就不会出现扰乱教师上课的行为，进而大大提高班级经营效率。所以，我认为课堂应成为学生自由自在生长的沃土。我一直在打造"活力课堂"，对课堂的薄弱和繁复环节进行优化改革，即通过"减负"，来消除"应试教育"带来的种种弊端。

三、建立民主和谐的师生关系，减轻学生心理负担

建立民主和谐的师生关系，创造宽松、和谐的学习氛围，体现学生的主体地位，有利于使学生处于最佳的学习状态，轻松愉快地接受所学知识，而不至于对课堂内容感到枯燥，把学习当作一种不得不完成的硬性任务去对待。例如，在英语教学中，每次课前让学生介绍一个有关西方文化的知识，可以是传说、神话故事、宗教、生活习惯、节日等，这样既能让学生课后自己主动学习知识，提高他们的动手动脑能力，也能使学生在课上学到除课本以外的丰富知识。再如，在课堂上帮助学生练习听力时，我没有利用录制好的磁带，或者直接阅读听力材料，而是采取让不同的学生配对朗读听力材料的方式，这样既锻炼了学生的口语，也让学生学着适应各种各样的声音，从而锻炼了耳朵的适应性。体现学生主体地位的方式还有许多，如让口语好的学生领读单词和课文，让写字好的学生板书作业，让有表演才能的学生进行对话和短剧练习。通过这些举措，每个学生都能在英语学习中有自己的一席之地。学生有了自信，就会积极主动地参与课堂，自然而然就不会觉得英语学习是一种负担。

四、实施素质教育，减轻学生课业负担

1. 教学内容情境化

初中生和高中生、大学生不一样，他们的学习动力绝大部分来源于对所学科目的兴趣。只要是他们感兴趣的知识，他们就能很好地集中注意力，使学习效果良好，而如果所学知识让他们感到索然无味，毫无吸引力，他们就会被动地把自己当成"鸭子"，机械地接受教师灌下来的"饲料"，结果往往是消化不了，甚至全部"吐掉"。所以，备课时我会紧扣学生活泼、好动、充满好奇心的特点，精心而巧妙地设计教学内容，使课本上的"饲料"能在"加工"后变得既"美味"又"营养"。为此，将教学内容设计成不同的情境是十分必要的。例如，在讲"How much is it？"这个单元时，文中提到各种各样不同款式的衣服，我就让每个学生带一件自己最喜欢的衣服，并让学生用单词表里列举的单词介绍自己的衣服及价格，并挑选一些入围"fashion show"。

2. 教学形式多样化

俗语说，教无定法，贵在得法。

（1）教唱歌曲。

对于十几岁的青少年来说，跳动的音符远比呆板的字母有吸引力，那我们何不投其所好，把音符和字母综合一下呢？唱英文歌曲不但能够锻炼学生的口语连读，还能提高学生对英语的翻译和理解能力，也会让他们为自己能唱英文歌而感到自豪。

（2）实物展示。

一个粉嫩鲜亮的苹果远比老师口中重复上千次的"apple"更有诱惑力和更能激发学生的兴趣。我尽可能地在备课时准备充足的实物和图片资料，让学生在沉闷和抽象的语言课堂上得到乐趣，掌握教师授课的内容，达到事半功倍的效果。

（3）情境演示和对话表演。

对于一些情节性比较强的长课文，我通常只在课上帮学生疏通一下课文，然后让学生分组分角色把文章的情节展现出来。这样做不但能让学生主动地集体研究文章内容和语言表达，也避免教师在授课时进行过多枯燥

的内容讲解。

3. 从家庭作业上体现减负

在作业的布置方面，一是要重质量轻数量。将当日所讲内容和家庭作业紧密结合在一起，突出重点、难点，做适当的补充拓展，避免过多简单化一的重复。不断变化题目形式，让学生能够举一反三。二是要分层次。学生的智力和能力参差不齐，要求其达到相同的水平是不符合发展客观规律的。因此，在家庭作业的布置上要合理设置难易梯度，使不同层次的学生都得到各自的发展。

"双减"班级实施方案

铁岭市实验学校　贾　芳

自从"双减"政策落地，社会上、网络上评价声不断，各种声音此起彼伏。但是作为教师，我们深深地懂得，"双减"是为了减轻学生过重的学业负担，而并没有减轻我们的责任。

作为一线班主任，我们肩上的责任更重，我们不仅仅是一名教师，不仅仅要负责学生的学习，更重要的是我们是学生前行的指路灯，我们的责任是育人，这显然比教知识更为重要。

一、爱是育人的主旋律

当了多年的班主任，面对"双减"政策，我依然觉得爱学生是任何背景下班主任工作的前提和源源不断的动力。怎样爱学生，如何让学生感受到爱，需要我们的智慧。俗话说"亲其师，信其道"，我想这就是爱吧。

二、抓住教育的"同盟军"

"双减"政策没有减掉教师的责任，自然也没有减掉家长的责任。所以，在育人的这条道路上，教师和家长始终都是"同盟军"，在和家长的沟通交流中，我们之间也更加平等，其实我们带的每一个学生的家长都渴望和老师交流。

此外，教师要利用好家长群，把家长作为自己的合作伙伴，开好每一次家长会，与家长形成教育的"同盟军"。

三、"双减"背后要做加法

作为一名班主任，"双减"的前面是减轻学生的负担，但是不代表学生的能力减少，不代表我们什么都不做，畏首畏尾，相反，需要我们班主任做得更多。

"双减"背后，为了学生更好地发展，作为班主任首先要加强劳动教育，要让劳动教育在学生的心中扎根。

要在班级中营造一种团结、互助、健康、向上的氛围，让学生阳光起来。

四、让学生学会统筹安排时间

高效利用最佳时间。教师跟学生一起考虑怎样分配时间比较恰当，引导学生寻找自己的高效学习时间点。在学习效率较高的时候，集中完成比较难的学习任务，学习效率较低的时候，学习相对简单的内容或者适当休息。

灵活利用零碎时间。零碎时间主要有上学和放学路上、吃饭时间等。例如，吃晚饭的时候，听一些新闻，了解国内外大事，积累作文素材。

五、控制时空，约束自己

人的行为在很大程度上受情境因素的影响。例如，一名中学生已经认识到打游戏的负作用，知道不能再打游戏了，可是一走近游戏厅就忘乎所以，把握不住自己了。

因此，在习惯形成的过程中，在自己的自制力还不十分强的情况下，应从控制自己的活动时间和活动空间入手来约束自己的行为。

许多学生自制力比较差，在好习惯形成过程中或者在坏习惯克服过程中，容易出现反复、拖拉、敷衍、放任等现象，容易出现跟着感觉走的现象。这就要严格监督自己，发现偏离，立即做出调整。

培养习惯，就像走路一样，发现走的路线不对，就及时调整。久而久之，一条小路便踩出来了。

我相信凭借自己的工作热情和对学生发自内心的爱，"双减"方案一定会落地生根、发芽、开花。

幸福温暖的家园，快乐高效的乐园

铁岭市实验学校　高岩梅

根据郭校长提倡的经营家的理念和温暖文化，我要把我的班级打造成幸福温暖的家园，把课堂打造成快乐高效的乐园。

一、班级管理方面

把班级营造成温暖的家园，在让每个学生感受温暖的同时培养学生的责任意识、担当意识，使他们学会生存、学会关心、学会合作、学会生活，充分发挥他们的主观能动性，让他们自主地发展，在轻松愉悦的氛围中感受生活的美好和快乐。具体措施如下。

1. 确立班主任在班级中的核心地位

一个班级就是一个家，班主任就是这个家的家长，家长就要有家长的权威。一个班级必须有主心骨，班主任就是班级的主心骨，主心骨不能软！所以，我特别注意保持在学生面前的"威严"，学生只有对老师有一种敬畏感，才能真正落实班级的各项规定。如果只是一味强调和谐、民主而使学生在老师面前随随便便、目无尊长，我想，这本身就是一种教育的失败。该民主时就要民主，该专政时就要专政。

2. 重视开始，争取主动

一般情况下，相对调皮的学生进入一个新班后，总是会用一些试探性的举动看老师能不能管得住他。能管住，以后他就老实了；否则，他会越来越肆无忌惮。我在接手新班的时候，重视学生行为细节，必要时果断地给那些故意调皮捣蛋的学生一个下马威。纪律松散的学生不是通过几天的教育就能转变的，要有耐心，刚开始多一些付出，日后就能收到事半功倍的效果。

3. 班长轮换制

确立五位班长，每天一位，召开班委会议，明确具体分工，使班委工作正常运转。及时进行班风校纪的教育，以常规管理为载体，规范各项管理要求，重申学校各方面的要求，防患于未然。

4. 重视文明礼貌教育

开展礼仪教育和人文素质教育，从学生的吃穿住行等方面入手，使学生养成良好的习惯。良好的开端是成功的一半，初一新生有许多"第一次"：第一次班队会，第一次升国旗，第一次自习课……都不能忽视，既要对准学生心灵的弦，把温暖吹拂到学生心坎上，又要严格要求，字字千钧，让学生心服口服。树"德"靠亲和与爱心，树"威"靠魅力和智慧。

5. 加强班级管理，严格纪律要求

做到班级管理制度化，不体罚学生不等于不惩罚学生，主要是进行耐心的批评教育，如罚"力所能及"的清洁扫除，与家长联系，同时加强对他们的监督，多与他们交流，严爱有加，使他们"亲其师，信其道"。

我认为在班级管理中除了要用"爱"去感化学生，用"细"观察学生，还要用"严"震住学生。对学生的爱应是"严而有度，爱而有方"，这样才会收到良好的教育效果，实现教育目标。

二、课堂教学方面

在"双减"精神的大环境下，教师更应该研究怎么才能让课堂更加高效实用。曾经我跟很多老师的想法一样，认为老师在课堂上讲得多、容量大，分析得透彻，概括得全面，学生主动跟着老师的思路走，课堂上积极思考问题，积极回答问题，这样的课堂就是好的课堂，就是高效的课堂。渐渐地，我觉得高效课堂不应该是这样的，这实际上降低了教学内容的思维含量，教师讲得好，分析得透彻，概括得全面，那学生做什么呢？在老师的全权包办之下，学生就会形成一种惰性，他们不需要思考，只要随着老师的思路走就可以了，久而久之，学生分析问题、解决问题的能力会越

来越差。"双减"时代呼吁遵循教育规律，以学生为本，使教育向高质量发展。

我在工作中不断地体会到教师这个职业需要更多的职责心和细心，也真正体会到了"学高为师，身正为范"的道理。我认为我完全有潜力胜任教育教学工作，并且我也真心热爱教师这一职业。

积极贯彻"双减"政策，努力高效夯基提质

铁岭市实验学校 周丽辉

在举国同庆建党100周年之际，我们教育工作者迎来了教育史上的又一个大举措——《关于进一步减轻义务教育阶段学生作业负担和校外培训负担的意见》，也就是我们所说的"双减"。在此形势下，如何贯彻执行党的教育方针政策，高效务实地夯基提质是我们每一位教师需要深思的问题。

"双减"政策和我校郭校长提出的"根"的教育的理念不谋而合：向下生根——夯基提质，规范管理；向上生长——创建品牌，搭建舞台。"双减"对于我们教师来说主要是在课堂上要高效，在作业上要精致，从而达到夯基提质的效果。下面是我的一些看法及做法。

一、真诚尊重学生，建立融洽师生关系

随着学生在校内时间的增多，我们教师应努力提高自身素质，认真备好每一节课，思考怎样用简单的语言把每节课的内容传达给学生，同时让学生不厌烦，因为只有这样，学生才会愿意待在学校，学习效率才能有所提升。心理学家罗杰斯提出："创设良好的教学气氛，是保持有效教学的主要条件，而这种良好的教学气氛的创设又是以良好的人际关系为基础和前提的。"因此在课堂上，我特别注意尊重每名学生的个性、情感和能力，尤其是学困生，努力以亲切的面孔、平等的口吻与学生交流，缩短师生间的"心距"，从而使学生完成由"要我学"到"我要学"的转变；在课堂上多赞美，少批评，注重培养学生的自信心和勇气，并根据他

们的接受能力，选择难度较低的任务让他们完成，从而使他们获得较多的成功机会，在不断成功中树立信心，坚定学好英语的信心。我班一个学生的家长说，他家孩子在小学时一个单词没背过，看英语就像看天书，根本看不懂。现在上中学了，虽然和其他孩子相比仍然有差距，但和自己比进步很大，最难能可贵的是孩子现在不用家长提醒就能坚持按照老师的要求每天朗读5分钟，课堂上也能主动回答问题了，做英语作业也不哭了。

二、提高作业质量，提升课后作业的"质"

作业是教学过程中的一个有机组成部分，是及时巩固课堂所学知识技能的重要途径，是检验课堂教学有效性的重要手段。而"双减"之一就是减轻学生的课业负担，那么，怎样在作业设计中既不加重学生的负担，又能让作业发挥其功能呢？在备课时我统筹安排每节课的作业量，精心安排作业内容，尽可能多地让学生巩固当天所讲的重点内容，及时查缺补漏，同时多元化作业的布置。通过对作业的检查评价，我不断反思应该怎么教更合适，及时调整教学方法，选择合适的教学手段，极大地调动学生的学习兴趣，从而达到著名教育家叶圣陶所说的"教是为了不教"，让学生学会自主学习。

三、教育学生要有敬畏之心

郭校长教导每位学生都要有敬畏之心。常怀敬畏之心，才会诚恳做人，踏实做事；常怀敬畏之心，才不会狂妄浮躁。现在的孩子，很少有敬畏之心，所以为所欲为；现在的社会，每个人都有一股浮躁之气。所以，教师要在学生"三观"形成的关键期做好引导，让学生感受到来自老师的真诚、善意和温暖，从而"亲其师，信其道"。这是我的教育目的，我也一直在努力。因为这样才能唤醒学生的内心，我们的教育才真正达到了目的。

四、和家长达成共识，进行更有针对性的家校共育

作为老师，精准解决学生的困难、培养学生自主解决问题的能力离不

开家长的携手努力。要注重和家长的沟通，引导家长的教育思想，统一教育理念；还要给予家长科学实用、容易操作的家庭教育方法的指导，让家长成为学校教育有效的助攻。只有形成家校合力，才能达到教育效果的最大化。

"双减"落地后的语文学习

铁岭市实验学校　赵宏明

为全面贯彻党的教育方针，落实立德树人根本任务，促进学生全面发展和健康成长，2021年7月，中共中央办公厅、国务院办公厅印发了《关于进一步减轻义务教育阶段学生作业负担和校外培训负担的意见》，"双减"政策正式落地。

"双减"就是减轻学生作业负担和校外培训负担，也就是减少家庭作业量，尽量让学生在学校内完成作业，还要减少学生的校外辅导，尽量让学生在学校内多接受老师的辅导，回家后就多一点自由成长的空间和自主支配的时间。

学生不能上辅导班了，不能在家挑灯夜读了，那么作为教师的我们，就要考虑如何让他们在校内提质增效，尤其是语文学科的学习。

一个班级四十多名学生，他们的层次不同，智力不一，学习要求也是多样化的，这就要求教师更有使命感，更有责任心，有更强的教学能力。因此，教师要做到给自己增负，这样才能给学生减负。

语文作为基础的工具学科，不像数学多做几道题就把知识点巩固了，它需要一个日积月累的漫长的学习过程。"双减"政策下，要让学生更高效地学习语文，我们就要进行深入研究和思考。

一、投身教研，提升自身业务素养

知识丰富、幽默风趣、互动和谐的课堂，是学生喜欢的课堂；知识底蕴深厚、教学功底扎实的教师，才能呈现高效的课堂。因此，每一名教师都要自觉修炼，努力提升自身的语文素养。要充分利用教研时间，深入研讨教学知识，研究每一单元的重难点，每一课的针对点，需要解决的知识点。"双减"课堂不能面面俱到，要有明确的针对性，让学生知道学什么，听什么，会什么。教研时要深入研究，同组之间要互相探讨，明确每一节课的教学内容，做到"胸中有丘壑，腹内有乾坤"。

二、巧思方式，调动学生积极性

按部就班的对话式教学是不能激发学生的学习兴趣的，不同的文章、不同的内容可以采用不同的呈现方式，如竞赛抢答、对比阅读、小组比拼、研讨辩论等，用灵活多变的形式充分调动学生的学习积极性。如学习《智取生辰纲》《刘姥姥进大观园》等时，可以让学生观看相应的电视剧情节，这样学生对人物形象的印象会更加深刻，再把电视剧内容和课文内容进行比较分析，提高学生的学习兴趣，调动学生的积极性。

三、有效备课，提高课堂教学效率

课堂是教学的主阵地，有趣有效的课堂，方能保证学生听课的专注力，从而保证学生的学习效果。"双减"政策下的语文课堂教学要有针对性，根据重难点渗透知识点，巧设疑问点。利用一个材料、一篇课文指导学生阅读，在分析中贯穿多个知识点，教会学生抓中心句、概括句、过渡性词语、提示性词语，读出语句的潜台词、言外之意，读出文章所运用的写作方法等，以提高阅读速度和阅读效率。

现在中考加大了阅读量，由原来单一的材料阅读变为三四个材料的非连续性阅读。在课堂上培养学生的阅读能力，教会学生阅读方法，让学生形成阅读技能，才能让课堂更有深度、更有广度。教学中我们可以进行单元整合，进行群文阅读，相同体裁、相同内容、相同写法的文章，可以放在一起进行比较阅读。阅读是语文教学的重中之重，教学中一定要让知识点连成线，穿成串，长成树，这样才能提高阅读速度和阅读效率。

四、分层作业，限时限量不重复

作业是学校教育教学管理工作的重要环节，是课堂教学活动的必要补充。科学合理有效的作业，可以帮助学生巩固知识、提升能力、培养习惯，帮助教师检测教学效果、精准分析学情、改进教学方法。要避免"一刀切"的作业，可以分层次、分梯度布置作业，重点处留作业，易错处留作业，能在课堂上完成的不留家庭作业，不留重复性无效的作业。教师要认真分析学情，深入思考，这样才能让语文学习提质增效。

五、统筹兼顾，充分利用课后服务

教师可以通过课后服务时间指导学生认真完成作业，也可以对学习有困难的学生进行补习辅导与答疑，还可以为学有余力的学生拓展学习空间。

六、联动家长，用心培养学生学习习惯

"双减"政策的出台无疑减轻了家长的经济负担和精神压力，但家长对孩子的期望并未减少，家长与孩子朝夕相处，是孩子言传身教的老师，履行好法定监护职责至关重要。老师应引导家长培养孩子的学习习惯，如预习复习的习惯，更正错题的习惯，阅读积累的习惯等。只有家校齐抓共管，让"双减"落地，才会把语文学得更好。

为党育人，为国育才。在语文中传承传统文化，在语文中弘扬民族精神，在语文中构筑和谐社会。语文教学任重而道远，语文人责任在肩。

夯基提质共建实验美好未来

铁岭市实验学校　周　辉

我国著名教育家魏书生说过："班级像一座长长的桥，通过它，人跨向理想的彼岸。"而班主任就好比学生过桥的引路人，如果引导得好，学生将在一座座桥上顺利通过，最后成为对家庭、对社会、对国家有用的人。所以，班主任的作用尤为重要，班主任班级管理的最终目的就是让每一位学生都能健康地成长，在学习上不断地进步。

一、懂得赏识和激励每一位学生

教师在课堂上一个微笑，一个关爱的眼神，一句相信的鼓励，都能赢得学生的信赖。赏识激励要有针对性，力求在平凡普通中捕捉搜寻闪光点，把握学生的常态内力，使学生扬长避短。

教师应对学生多一点赏识，多一点激励，甚至还应对他们的缺点乃至错误给予包容。

也许有人会说这不是放纵吗？为什么还要对学生的缺点和错误予以包容呢？一般来说，谁也不会喜欢或保留自己的缺点和错误，只要对自己的缺点和错误有所察觉，都愿意克服和纠正。如果学生本应该受到责罚，反而没有受到责罚，本不应该得到谅解，反而得到了谅解，学生定会心存感激，会更加自责、内疚，从而更愿意改正错误。尤其近些年，我在处理学生违纪问题上是有着切身体会的。

二、初中数学是一门相对枯燥的课程

教师要想把初中课程教好，提高学生的学习兴趣，就必须在创新教学上下功夫。在全国倡导"双减"的今天，为把夯基提质落到实处，让每个学生都能自信地开启数学学习之旅，我尝试为学生布置分层作业，建立分层评价，让学生努力够一够就能摘到果实，品尝学习的美好。从教20年，我极力让每双眼睛都闪烁智慧的光芒，让每节课都在温馨和感动中留有余香。

作业可以反馈学生课下学习的情况，但是每个班级都会有几名学生课下不认真完成作业，他们或者不写，或者抄袭，老师和家长也是黔驴技穷，束手无策。出现这个现象的原因，一方面是学生的学习习惯和学习态度问题；另一方面是学生学习基础薄弱，老师布置的作业超出了他们的能力，不仅没有起到反馈作用，还削弱了他们的积极性。因此，我采用优化弹性的作业设计，将作业分为基本作业、提高性作业、探索性作业，基本作业允许优生不做，提高性作业允许差生不做，探索性作业可以只供优生选择，让他们在更大的空间展现自己的能力，尝到学习的喜悦。

在初中数学课堂实行分层教学是对教师的挑战，需要将学生的智力因素和非智力因素都考虑进来，从课前、课堂和课后各个方面进行分层，全面提高学生学习效果，实现高效课堂。

总之，在提倡素质教育和"双减"的今天，社会各界都在提倡给学生减负，不能占用学生的休息时间，夯基提质必须向课堂40分钟要效率，这就对教师提出了更高的要求。所以，我要从自身做起，从每节课做起，从每一个环节做起，从点点滴滴做起，在教学实践中因材施教，把夯基提质落到实处，让不同层次的学生都能体验到成功的喜悦。

减负增效　构建高效课堂

铁岭市实验学校　元立波

在国家大力推行教育改革，实施"双减"政策的背景下，作为班主任，应该承担起哪些责任？如何经营管理好班级？如何落实"双减"政策构建高效课堂？这些都是需要认真思考并加以贯彻实施的课题。现就如何加强班级管理，如何构建高效课堂谈谈我的看法。

一、如何管理班级

首先，在抓好班级常规管理工作的同时，特别是在"双减"政策背景下，作为班主任要深入学习国家实施"双减"政策一系列的举措和办法，吃透文件精神。要从党和国家事业发展全局的高度，为党育人，为国育才，把立德树人融入思想道德教育、文化知识教育之中。要按照习近平总书记培根铸魂、启智润心的育人观，深刻透彻地认识"双减"的深远意义，站在长远的角度、大局的角度看待国家的教育政策，彻底转变教育观念，这是贯彻落实"双减"政策的前提和根本。

其次，要全面完善学生评价管理机制，促进学生德智体美劳全面发展。例如，完善班级日常管理制度，由原来单一突出学习成绩变为多方面的管理和评价；增加各类先进、优秀、标兵的评选活动，如道德标兵、文体标兵、文明守纪标兵、劳动标兵等。总之，要用一切教育手段，打开学生心灵之门，让学生接纳和拥抱世界，真正体会到各个方面的成就感，最终实现多方面发展和全面提高。

最后，要树立科学的成才观，改变唯有学习成绩好将来才能有所成就、有所建树的老观念。例如，通过定期开展主题班会的形式，弘扬和宣传班级在德智体美劳等多方面表现突出的典型，也可以邀请家长参与班会的研讨，让优秀的家长代表现身说法；大量收集发生在学生、家长身边的各类先进的、优秀的、成功的典型人物案例与大家分享，用身边的人和事去引导教育学生更有说服力。

二、如何构建高效课堂

课堂是"减负增效"的主阵地，要积极改变过去老师讲得多、学生自主学习少，随意提问多、激发思维少，重复作业多、针对性作业少的课堂教学模式，构建新型课堂教学模式。要立足学生实际，相信学生，依靠学生，调动学生学习的积极性，实现课堂教学轻负担，高质量，低耗时，高效益。

具体要做到"三加强"。

1. 加强备课环节，确保课前准备充分到位

备课是教学流程的起点，教师要提高备课的时效性，充分研究学情与教材。学情方面，要充分了解本单元本节课的知识会给全班各个层次的学生带来哪些问题，防止出现优等生吃不饱、差等生消化不良的现象。备课过程中要细分层次，针对各个层次的学生都要有相应的预案，要充分预判教学过程中可能遇到的情况，并据以制定相应的对策，做到因材施教。教材方面，要做到目标明确，重点突出，难点突破，教学环节设计科学合理。分小组讨论的内容要有针对性和启发性，要在备课过程中通过深思熟虑、精挑细选设计出有价值的内容，避免讨论流于形式。

2. 加强授课过程中的精讲多练

教师在授课过程中要做到知识脉络清晰，以学生为主体多组织讨论，启发学生的思维，确保学生在学习知识的同时，逐步形成分析问题、解决问题的能力和良好的学习习惯，为日后自主学习奠定基础，如逐步形成课前预习习惯、专心听讲习惯、认真观察积极思考习惯、善于提问习惯、切磋琢磨习惯、仔细审题习惯、练习后反思习惯、复习归纳习惯等。

3. 加强课后作业的精选

教师要分层次精选课后作业，结合学情将作业分成几个等级，让学生

有选择性地完成作业。要减少作业的总量，提高作业的质量，精选有代表性、典型性的课后训练，做到举一反三，触类旁通，杜绝题海战术。

　　总之，在推行"双减"政策的今天，教师要立足实际，强化学习，不断提升班级管理水平和教学水平，为国家的教育改革和学校教育的发展努力工作。

夯基提质　规范管理　创建高效课堂

铁岭市实验学校　于　颖

在教学活动中，学生是主体，教师是组织者、指导者和参与者。只有师生互动的教学活动，才能充分调动学生学习的主动性和积极性，这种新的教学理念已逐步形成并被大家所接受。在班务工作中又何尝不是如此呢？实践证明，班主任必须充分认识学生的主体参与作用，并努力为学生创设参与班级管理的氛围，激发他们参与班级管理的兴趣，努力发展他们的个性，培养他们参与班级管理的能力。只有这样，班级管理工作才有可能取得成功。

一、坚持以经营家的理念为基础，让每一位学生感到温暖

教师要与学生相互理解、信任，这样才能实现心灵的沟通。要用一颗真诚的心去温暖学生，通过自己的言行，得到学生的认可。要建立良好的师生关系。用经营家的理念经营班级。例如，班级学生闹矛盾时，我不会严厉地批评、指责，而是进行谈心和交流，谈一个大家庭中团结的重要性。最后，在取得共识的前提下，让学生分析矛盾的危害，最终使学生达到热爱班级、完善自己的目的。正所谓沟通信任好管理，管理细微出成绩。

二、坚持以规范管理为核心，夯实班级管理的基础

"没有规矩，不成方圆。"作为一个集体，必须建立健全各方面的制度，并使之成为全体成员行为的准则。在班级要建立各项规章制度，如卫生制度、劳动制度、学习制度、作业制度、纪律制度、公物制度、就餐制

度等，让学生在学习和生活中有"法"可依。制度出来后，班主任还要及时做好指导和督导工作，协助解决生活、工作、学习等方面的实际问题，并定期评定，奖优罚劣，同时要将竞争机制引入课堂，可以把班内几十名学生进行重新组合，分成小组。小组之间围绕班内日常事务，积极开展竞赛活动，形成互相激励、监督的良好氛围，形成人人有事做、事事有人做、事事有人管的良好局面。

三、完善班级管理的"三级制"

1. 加强班主任管理

班主任在班级管理中应眼观六路，耳听八方。要深入学生之中，经常观察，于细微之处发现苗头，掌握学生的特点、心理，多动脑筋，采取灵活机动的方法"对症下药"，以理服人。

2. 加强班干部管理

在一个班集体内，班主任是主导，学生是主体，要发挥学生的主体作用就必须不断加强班干部队伍建设，通过班干部实现学生自己管理自己，自己教育自己，同时发挥班干部的带头作用，为其他学生做出榜样。

3. 加强学生自我管理

刚脱离小学进入中学的初中学生，年龄偏小，自我约束能力差，在自习课上常表现为做小动作、讲闲话、离开座位等，因此加强学生自我约束能力的培养，对形成良好的班风及创造良好的学习环境有重要作用。为此，我要求学生做到以下三个方面。

（1）学习《中小学生行为规范》。

要求学生熟记《中小学生行为规范》，并付诸实践，逐条做到"知""行"统一。

（2）进行自省。

每两周以书面或班会形式要求学生进行自我小结一次，总结过去两周内哪些方面做得好，有哪些不足，提出自己的努力方向。

（3）量化考核。

在健全各项管理规定的基础上，制定班级量化考核表，实行班级一日常规的量化管理。

四、开展丰富多彩的班级活动，提高学生的自主管理能力

班级活动是实现班级管理目标的桥梁，是促进班集体建设的中介，是学生展示才华的乐园。因此，班主任必须根据班级管理目标，指导学生设计并开展丰富多彩的班级活动。这些班级活动必须将针对性、趣味性、知识性、灵活性、创新性融为一体，具有启迪教育意义，成为学生自主教育、自我管理的乐园。

五、创建高效初中语文课堂的举措

1. 树立"以学生为中心"的教学理念

更新教学理念具体要做到尊重每一个学生、关注每一个学生、赞赏每一个学生，给每一个学生以鼓励，努力发现学生的兴趣、爱好、专长、优秀品质，给予他们施展与表现的机会，让语文课堂充满欢乐、轻松、和谐和民主的学习氛围。

2. 优化教学环节

为提高课堂效率，我们把语文课堂教学环节分为"览、读、写、练、馈"，对每个环节进行深入细致的研究和实验，具体措施如下。

（1）"览"的环节。

重点强调课前预习的落实，提倡推广各种行之有效的预习方式，促使学生形成预习课文、思考问题、查阅字典等预习习惯。

（2）"读"的环节。

提倡语文课堂教学中的"满堂读""满堂品"；合理选用各种有利于激发和提高学生学习兴趣的文本，提倡多种形式的阅读和涵泳；鼓励学生质疑创新，允许学生有不同的见解，鼓励学生向教师、向书本、向权威挑战，培养学生提出问题、分析问题、解决问题的能力。

（3）"写"的环节。

加强作文的指导和讲评，要在"写什么""怎么写"上给学生以启发。为提高学习效率，提倡采用"自评""他评""师评"相结合的学习方式，进行明确的讲评，既要指出学生的缺点，又要充分肯定学生的优点，保护学生写作的积极性。

（4）"练"的环节。

练习要注重实效，注重培养能力、发展智力，教师要为学生精心挑选和设置练习。

（5）"馈"的环节。

重视学生学习效果的反馈，并根据实际情况及时反思、调整，增强有效学习。

为提高课堂教学效益，要灵活运用以上"览、读、写、练、馈"五个教学环节，而且各个环节要紧紧围绕教学目标展开。

3. 创新教学模式

（1）"品读感悟"阅读教学模式。

"品读感悟"阅读分为四个步骤：第一步，情境导入，目标定向。这一步主要是创设情境，激发学生对课文的学习欲望，将学生尽快导入课文并明确教学目标。第二步，品读感悟，自主欣赏。"读"是在学生自主预习、初读课文、了解作者及写作背景和相关知识的基础上，引导学生粗读或浏览课文，并就课文表达自己的阅读感受。"品"是精细阅读，局部揣摩，指导学生养成圈点批注的习惯。根据学生对文章中心内容的理解，指导学生抓住文章的精彩片段和动人之处，揣摩词句的表现力，理解文章的思想感情，从而更好地感受文章的内在美。"悟"是提高性阅读，鉴赏文章特色，感悟生活。指导学生从作者的写作目的着眼，揣摩文章在内容和形式上的亮点、美点。第三步，当堂训练，夯实"双基"。根据课程标准和教学目标，结合学情，博采众长，设计形式多样、难易适中、能激发学生兴趣的训练题，注重夯实学生的基础知识，训练基本能力。第四步，主题阅读，迁移能力。一是在理解课文内容的基础上再读一至两篇类似内容的文章，延伸思考，即时迁移，让学生把阅读方法及时运用到文章的阅读中去；二是布置拓展练习，扩展语文学习的外延，提高语文学习的深度。

（2）作文互动批改教学模式。

作文批改的互动模式，即在作文批改中形成师生、生生之间的多向互动关系，使作文批改臻于学生自主操作的范式。作文互动批改教学分为两个步骤：第一，做好互动准备；第二，进行互动批改。在批改阶段，我们按"四互"要求进行操作：一是互定标准；二是互改习作；三是互谈体会；四是互推佳作。

（3）专题复习课教学模式。

初中语文专题复习课的内容主要有语言积累及运用、现代文阅读、文言文阅读和写作，而无论哪一内容的复习课，都应具备四个基本环节：考点呈现、示例解析、巩固训练、迁移提升。

（4）试卷讲评课教学模式。

一是解读考情，总体评析：做好每次考试的分数统计工作，做一份详细的得分统计表。得分统计表可按照试卷结构来设计，一般分为字音、字形、近反义词、病句、句式、课内阅读、课外阅读及作文等项，并计算出各项的平均得分，这样哪些知识学生掌握较好，还存在哪些问题，便一目了然。二是合作研讨，自主纠错：教师指导学生自主、合作纠正错题。三是归类剖析，认知规律：教师归类点评，指导纠错，学生思考领悟老师点拨的思路，针对自己上个纠错过程中没有解决的问题，剖析其性质和原因，及时调整认识，明确解题思路、方法。四是补偿练习，巩固提高：教师灵活发放针对性补偿练习题，指导学生做补偿练习。学生认真完成习题，主动展示自己的解题思路和结果，在教师的指导下弥补自己对错误的认识和理解。

4. 培养学生自主学习能力

培养学生自主学习能力一直备受我国教育工作者的重视。

教师不仅要教会学生知识技能，还要教会他们学习的方法。无论使用何种教学策略，归根结底都是培养学生的学习兴趣，促使学生把学习内化成一种内驱力，只有这样，才能把学习动机转向学习本身，使学生好学、勤学、乐学。

总之，班主任的工作是繁重的，要想管理好班级，就必须具备对教学的忠心和对学生的爱，讲求管理的艺术和方法，培养和锻炼自己的心理素质与管理素质，为学生的健康成长创设最佳环境。而高效课堂的创设还需要我在长期的教学实践中不断探索。

提升课堂质量，让课堂真实发生

铁岭市实验学校　张宏岩

身为九年级的班主任兼数学教师，"双减"教育政策引发了我的思考，也让我感到肩上沉甸甸的责任。在教学任务没有减、教学难度没有降、家长期待没有少的前提下，"双减"工作将给教师的工作带来新的挑战，作为"双减"工作的重要执行者和推动者，教师的工作将迎来哪些变化？教师应如何同步调整自己的教学目标？

一、"双减"形势下减负不减质量，加大了教师的备课量

备课做到以下几点。

1. 备教材

"双减"形势下，教师要以积极主动的状态沉下心、俯下身做好学生研究，促进学生全面发展。"双减"政策推行后，社会对校内教育质量的追求和要求会更高，这需要教师下更大功夫、投入更多精力提升自己的专业能力。我采用由简单到复杂、由一般到特殊，高效利用学生注意力最集中的20分钟，设计有趣生动的教学内容等方法备教材。从本质上来看，"双减"精神就是要引导教师把更多的时间和精力用在作业研究、教学观念改进和教学水平提升上，聚焦在教育教学提质增效上。

2. 备学生

教师每天备课时应对哪些内容提问哪些学生做到心中有数，也要想到特殊学生会对某些问题理解到什么程度，有准备地进入课堂是减负不减质量最有效的方法。

教师课前只有认真备课，认真钻研教材，精心设计教学过程与方法，深挖教材和超越教材，能预想到在课堂上学生提出的问题，才能具有面对突发事件随机应变的教育机智。

二、提高课堂练习题的设计水平，提高课堂效率

"双减"严控考试测验的次数和规模。我们不妨静下心来认真思考是不是还有更好的练习题目可以替代考试测验，是不是可以创新作业的内容与形式，让学生充分感受课程学习的获得感。为此，教师要提高作业的设计、批改和反馈的管理水平，从源头上改变以刷题为主的练习模式，减少练习题总量，提高课堂练习的训练效果。

三、课后作业布置灵活有针对性

在"双减"政策背景下，教师不能为了提高学生的考试分数而不断给学生加压，让学生成为刷题机器。对于初中学生来说，教师必须控制好纸笔作业的总量，要做到少而精、精而有趣。但这并不意味着可以让学生放任自流，教师必须以更生动、更活泼的形式，如以问答的形式来安排"口头"作业，这样既能够达到与纸笔考试相同的效果，又能够有效提升学生学习兴趣和学习热情。然而，做到作业"少而精、精而有趣"以及安排生动活泼的"口头"作业，其实不是一件简单的事情，需要教师比以前下更大的功夫，花更多的时间，做更深入的教学研究，课前准备更加充分，教材研习更加透彻，知识要点更加突出，对学生情况的了解更加全面。只有如此，才能根据学生的实际情况精心设计教学活动和作业安排。在"双减"政策背景下，教师要尽量避免出现机械、单调、重复、无效作业或惩罚性作业，尽量缩减一些死记硬背、反复抄写的练习。作业设计要符合学生年龄特点和心理规律，作业的形式必须多样化，切忌只有单调的书面作业，应该增加更多实践性、操作性等体验类作业。各种体验类作业形式不仅是学生所喜爱的，而且可以激发学困生的学习兴趣。作业设计既要面向全体，又要兼顾个体差异，教师应该积极探索分层作业、弹性作业、个性化作业的设计，探索因材施教下的作业设计。教师还要认真批改作业，加强面批面改，做好学生的答疑辅导。减轻学生学业负担并不代表没有负

担，也并不代表没有作业，课后练习包括重复性训练与实践性活动等，都是检验学生知识理解与运用的重要手段。九年级学生面临升学，分层布置作业很有必要。每天作业的三分之二是所有学生都需要完成的，针对学有余力的学生剩下的三分之一是有一定难度的题，针对学困生剩下的三分之一是基础题，这样既能保证学优生不被没有必要的重复题困扰，学困生不被难题打击信心，减轻学生学业负担，又能让学生学有所得。

教育教学，需要我们每一个教育人勤于学习，勇于实践，善于反思，乐于分享。只有这样，"双减"政策下的教师才会有更加清晰的奋斗目标，我们的教育人生才会更有意义！

落实"双减"精神 提升教学质量

铁岭市实验学校 陈 楠

有效率、有韵味、有层次，减量增效，是"双减"背景下的语文课堂面临的新挑战。

随着新课程改革的推行，无论在教学理念、教学方法还是教学内容上，都出现了明显的转变，强调凸显学生的主体性，尊重学生的主体地位。尤其在"双减"政策发布后，教师更应该发挥组织者和引导者的作用，在身份转变的前提下合理设计教学目标和内容，采取多元化的教学方法，提倡自主、合作、探究的学习方式，理解和尊重学生的想法，构建良好的师生关系。

"全面压减作业总量""提高课堂教学质量""发挥语文育人功能"，犹如三盏烛火，点亮了"双减"政策下语文教学减负的总方向。

为落实好"双减"政策下的语文教学，同步改善优化五项管理工作，营造良好的育人生态，现将语文课堂"双减"方案分享如下。

一、基础知识

基础知识是学生语文能力的基石。初中阶段的语文基础知识包括字词、音节、句子、注释、翻译、文学常识等，无论在知识的深度还是广度上，相对于小学阶段都有大幅提升。但与之相对的是，目前有相当一部分学生对基础知识缺乏兴趣与耐心，不愿意花大量时间去夯实基础；有些学生在学习基础知识时不懂得运用科学的方法，无法将零散的知识点整合起来，难以形成系统；还有些学生只知道背诵和记忆，不会将学到的知识灵活运用。针对学生出现的这些不同的问题，教师应立足学生的发展阶段，结合语文学科特点，设计教学指导策略，以帮助学生切实掌握语文基础知识。

首先，每课后面的词语积累要做到当堂消化完成，抄写作业不重复，不罚写。在积累的过程中，切忌让学生死记硬背。例如，在积累难以理解的重点字词时，要从字义入手，让学生真正理解，最终达到记忆的目的。其次，要指导学生积累的方法和技巧，从知识源头上真正解决问题，采用以旧带新法、拆字结构法、直观演示法、比较记忆法等方法引导学生加深记忆、准确记忆，避免出现"张冠李戴"的错字、"无中生有"的别字、"丢盔弃甲"的残字；要做到"授人以鱼"与"授人以渔"并重，让学生形成扎实记忆和知识积累。

二、古代诗文

从学生的发展阶段来看，初中阶段的学生对古典诗词的理解能力还较为薄弱，古典诗词知识储备较少。初中语文教学中的一个主要难点就是提高学生的古典诗词赏析能力。教师要立足教材，带领学生以教学材料中的古典诗词为蓝本，系统地学习赏析古典诗词的方式与方法，使学生能够有效掌握古典诗词中所蕴含的知识点。

所谓"书读百遍，其义自见"，初中生的古代诗文学习应当首先做到以读为主，读出意味，读出内蕴，读出情感，读出共鸣，做到"熟读，使其言皆若出于吾之口；继以精思，使其义皆若出于吾之心"。可以进行配乐美读、真情朗读、情境诵读，让学生多维度、多视角、多层面体悟古诗文独特的艺术魅力，轻叩古风汉赋的窗棂，静听唐诗宋词的风雨，轻嗅游记随笔的芬芳，形成融入心灵、濡染生命的文化底蕴。

古人云："诗言志，歌永言，声依永，律和声。"诗、歌二字本身就是密不可分的，是需要通过一遍遍诵读来体会其中蕴含的情感的。诗歌都是押韵的，有自身的抑扬顿挫，反复诵读可以体悟其音韵美和旋律美。

在熟读古诗文的基础上，教师要引导学生对其中的标点修辞等进行整合理解，在这一过程中加强学生对作者与写作背景等知识点的掌握，将传统文化和古诗文教学相结合，培养学生的学习兴趣，帮助学生理解文章。

三、课堂教学

课堂教学环节按照大单元、大情境的主题进行教学内容的整合，通过大单元，实现小目标，开展指向学科核心素养的大单元设计及群文阅读，全面高效整合教学内容，统领整本书教学，让学生更加全面清晰地了解单元知识要点，有的放矢，形成完备的知识脉络，全方位拓展学生的知识视野，形成课堂与生活的有效链接，知识与能力的有机转化。

孔子曰："知之者不如好之者，好之者不如乐之者。"兴趣是一个人探究未知的先决条件。语文知识包罗万象，内容庞杂，一些学生不愿意下苦功夫，在一开始就失去了学习的兴趣，导致后续学习更多的是出于被动，难以形成主动意愿，降低了学习效率。为此，教师应结合学生的年龄和心理特征，在课堂教学中激发学生对语文学科的兴趣，引导学生实现从"要我学"到"我要学"的转变，让学生学习过程变得更加主动、自然。

四、具体措施

现代文词语积累、文言文词语释义、文学常识、句意理解等知识争取当堂掌握，力求多渠道、多侧面地采用恰当的方法，夯实基础。及时跟踪，抓住重点，厘清症结，有效解决。单元考查，分类进行，专项专练，精准对接，杜绝漫无边际。每天作业不超过15分钟。大作文全批全改每学期4篇，小作文8篇。

初中阶段的学生正处于全面发展的黄金阶段，这个阶段的学生往往学习态度会有一定的问题，导致对语文学习失去兴趣，影响到教师的课堂教学，进一步导致学生的学习效率低下，使学生不能够有效进行语文基础知识学习。因此，教师要在实际的课堂教学过程中，逐步引导学生端正学习态度，让学生能够对语文学习产生动力及热情。当学生自身树立起正确的学习观念时，才能有效地进行学习。

"双减"工作任重而道远，作为一个从教三十载的教师，本人将以持之以恒的耐心和锲而不舍的韧劲落实好相关工作要求，积极探索五育并举相结合的课程，强化育人主阵地作用，助力学生全面发展，让他们目光里有远方，心灵中有诗行，生活里有花香！

第四章

工作室研究成果

基于核心素养的翻转课堂实践与研究

铁岭市第六中学　魏子吁

　　我国学者无论是在翻转课堂的教学实验方面，还是在翻转课堂教学的理论探索方面，都已做过大量研究工作，并取得了一系列研究成果。国内学者主要从平台选择、教学流程、教学效果三个方面对翻转课堂在英语教学中的应用做了研究，并提出了一些合理的教学流程图、平台选择建议等。但总体来看，国内从实证的角度对翻转课堂的研究相对较少；对翻转课堂的概念介绍、探讨多于研究，理论研究多于实践研究，大多集中在理科类（信息技术、自然科学、物理、化学）学科，而文科类（语文、英语等）学科涉及相对较少；翻转课堂在具体学科中的应用研究基本没有；缺乏对教学设计、实施策略等的研究。为此，本文将开展翻转课堂在初中英语教学中的实践研究，包括操作方法和策略、具体的教学设计等方面的研究。

　　翻转课堂能否实现，关键在于教师是否愿意放弃传统的教学思维和习惯，把课堂真正交给学生。本文通过理论研究，选取铁岭市实验学校某班实施英语翻转课堂教学，探索英语翻转课堂教学的设计和实施策略。此次实施翻转课堂教学的铁岭市实验学校教学设施齐全，教学环境良好。在英语翻转课堂教学中，学生除了在教室上课之外，回到家中还需要自主学习，利用计算机观看教学视频，所以学习环境既有学校教室，又有学生家庭。通过问卷调查了解到该班的40名学生家中可以使用计算机上网的达到了36人，占总人数的90%，其他4名家中不具备上网条件的学生表示可以就近到其他同学家中共同学习。在研究过程中将采取行动研究的方法，通过计划—行动—考察—反思，最后探索出翻转课堂实施过程中存在的问题及改进措施。

　　通过对国内外翻转课堂的研究调查，分析这种教学模式的教学方法、教学过程，并与英语这一学科相结合，配合英语阅读能力训练的技巧，在实践的基础上，在新课标理念下将翻转课堂"本土化"，与国内初中英语课程内容及现状相结合，总结出实施过程中需要注意的问题。本文将立足于初中英语教学现状及翻转课堂的潜在优势，尝试开展初中英语翻转课堂教学行动研究，旨在通过初中英语教学中实施翻转课堂阅读能力培养教学，探索初中英语翻转课堂教学设计和实施策略，进而为解决初中英语新课改中遇到的问题，优化英语课堂教学效果，提高学生的英语阅读能力、自主学习能力和协作能力提供新的途径。本研究计划以铁岭市实验学校八年级某班为研究对象，通过前期调查以及与任课教师的协商，对此班实施为期三个月的翻转课堂教学，以阅读理解模块为教学内容，通过计划—行动—考察—反思这一过程的研究，探索出翻转课堂实施过程中存在的问题及改进措施。运用实证调查，总结其实践经验，发现存在的不足，提出可行性建设策略，通过实验验证翻转课堂在英语语言技能教学方面的有效性，也可以为其他学科利用此教学模式提供学习和借鉴的榜样。

基于核心素养的中小学生语文阅读习惯的培养

铁岭市实验学校　陈美伊

　　培养良好的阅读习惯不仅能够提高学生的阅读水平与综合能力，还可以让学生在不同语言环境中潜移默化地规范和提升语言能力，丰厚学生的文化底蕴，提高学生的审美情趣。中小学教育的最终任务是发展学生的核心素养，综合表现为人文底蕴、科学精神、学会学习、健康生活、责任担当、实践创新六大素养，培养"全面发展的人"。语文学科必须围绕这一目标来展开教学，而养成良好的阅读习惯正是与核心素养的培养目标相一致的，因此探究核心素养基础上的中小学语文阅读习惯的培养有着重要的意义与价值。

　　随着素质教育改革不断推进和深化，2014年3月30日，《教育部关于全面深化课程改革 落实立德树人根本任务的意见》正式印发，提出了学科核心素养的概念，为深化基础教育改革指明了方向，引发了研究的热潮。中国学生发展核心素养以培养"全面发展的人"为核心，分为文化基础、自主发展、社会参与三个方面，综合表现为人文底蕴、科学精神、学会学习、健康生活、责任担当、实践创新六大素养，具体细化为十八个基本要点。

　　"在中国，学生核心素养的培养主要通过基础教育阶段各学科的教育教学来实现。各学科的课程都要为发展学生的核心素养来服务，都要结合学科内容帮助学生形成关键能力和关键品格。"语文是中小学教育阶段最重要的学科，是所有学科学习的基础。"阅读"则是决定学生语文水平的核心和灵魂。良好的阅读习惯不仅能拓宽学生的知识面，更能拓展学生的思维，提高学生的人文修养，健全学生人格，对学生核心素养的培养起到了潜移默化的作用。

基于以上种种，我们更应该重视学生阅读习惯的养成，加强学生阅读习惯的培养。我们要在大语文观的引导下，以中小学全体学生为研究对象，摸清中小学生的阅读现状，探索有针对性的阅读习惯培养策略，依托特色阅读活动，以教师课堂引读和学生自主阅读相结合的方式，构建书香校园、书香家庭，直至实现全民读书的热潮，提升中小学生的语言能力、思维能力、审美情趣和文化修养，进而在阅读优势的彰显中培养中小学生的语文核心素养，促进学生的全面发展。

《义务教育语文课程标准（2011年版）》指出："阅读是运用语言文字获取信息、认识世界、发展思维、获得审美体验的重要途径。"我们要通过阅读教学使学生学会读书，学会理解，培养学生收集处理信息、认识世界、发展思维、获得审美体验的能力，提高学生感受、理解、欣赏的能力，使学生具备终身学习的能力。培养中小学生良好的阅读习惯有以下几个方面的重要意义。

一、有利于全面培养学生综合素质

语文课标指出要注重培养学生的阅读兴趣，扩大阅读面，增加阅读量，提高阅读品位。统编版教材正是遵循这样的教学建议，立足于课堂，放眼更广阔的生活，更好地促进阅读教学在中小学的科学、系统、纵深的发展。部编版语文教材改革对学生阅读能力的要求越来越高，阅读能力让知识在课程统整中融会贯通，它对教师和学生都有一定的制约作用。不仅语文学科，其他所有科目都将考验阅读水平，对学生阅读习惯培养的研究有利于培养中小学生对所接触的所有学科知识的认知力与思考力，为所有学科的学习保驾护航。通过阅读习惯的养成，学生能运用其阅读能力独立完成一些独特的课程组合的学习内容，进而形成独特的知识框架结构、技能建构以及文化视界，培养创造性，激发阅读兴趣，并根据兴趣确定自己今后努力的方向，进而成为特立独行的不可替代的个性化创新型人才。

二、有利于深入落实立德树人教育任务

大量的阅读能让学生从中获取更多丰富且具有真善美的价值体验，进而构建和遵循正确真实的并且有逻辑的价值秩序，以此引领学生走上"以德树人"的为人之道。良好的阅读习惯有利于增强学生勤学的动力，为学习提供能量，也是精神之钙的最佳养料，能培养学生向善的人格魅力，让学生更早地体验到榜样的作用以及榜样在志向变革中的影响力。阅读量和阅读思考力作为强大的依托，能唤醒并影响中小学生的向善之志，让学生更容易受到精神价值的引导。良好阅读习惯的培养有利于让学生在书墨气息中潜移默化地受到影响，更好地培养民族复兴大任的时代新人，同时将文明的谱系流传与创新。阅读能增强学生的使命感和责任感，积极形成时代"四有"青年的风范，拥有世界格局下的人文素养和思想品质，拥有更强的历史意识、问题意识和世界意识。

三、有利于为学生的终身学习奠基

随着知识经济的到来，人类进入学习型社会。语文学科的自身特点和性质决定了其无疑是"终身教育"的一个重要环节。据调查，一个人的直接经验不足20%，而通过阅读得到的间接经验在80%以上，因此人们获得知识的重要手段是阅读。培养学生的自主阅读习惯，能让学生直接体味母语的美与力量，提升学生的精神境界，陶冶性情，拥有健康心理，训练思维，深化思想，激发生命活力，给学生创造出更多"乐而忘忧"的阅读体验，给学生以更多享受阅读、快乐成长的空间，使学生将阅读作为生活中的一部分，将阅读作为一种纯粹的认知行为。学生在拥有良好阅读习惯的基础上，能将所学知识与自身之间构成一种本体关系。学生在阅读中能自觉地在分享知识的同时获得一种精神享受，让阅读形成一种情感体验，进而培养学生爱生活的智慧，并与其个人的精神成长融为一体。培养学生自主阅读的习惯，立足于学生的一生，定位于让学生终身学习。

四、有利于改变应试教育将分数作为评价学生的唯一标准的现状

要有效建立家长、学生、教师三位一体的深度融合体系。打破家长唯分数论的极端思想，纠正用僵化的成绩来定义孩子未来的观念。纠正"为考试而教""为考试而学"的功利性的教学之心。通过培养良好的阅读习惯来促进学生的终身发展以及语言涵养，文化素养的养成，更加注重阅读习惯对学生天性与个性的呵护。

初中核心素养下口语教学有效途径研究

铁岭市实验学校　陈　舒

一、研究背景及意义

英语作为一种应用性极强的交流工具，在我们的日常生活中扮演着越来越重要的角色。这就要求我们教育者把英语从简单基本的应试答题学科转化成能够为实际生活提供服务的实用性手段，其中最为重要的一环就是口语教学。初中英语学习是英语终身学习的基础，因此初中口语教学应该得到重视。铁岭市在中考改革中已经明确加入人机对话这一新颖的口语能力考核项目，为了配合这一要求，我们开展了对英语口语教学有效途径的研究。

二、课题的研究内容与目标

1. 研究内容

口语教学有效途径。

2. 研究目标

（1）重点研究一线英语教师在课堂中的教学形式，总结有效的口语教学途径与方法，整理行之有效的教学手段。

（2）社团活动作为对传统课堂的补充，既是一种深受学生欢迎的教学形式，也是我校的一大办学特色。

（3）制订切实可行的有效课堂口语教学案例研究的方案，增强有效课堂教学活动的操作性，在实践中不断进步。

（4）促使研究成果发挥作用，提高学生的口语水平。

3. 研究思路

以口语教学有效途径研究为内容，走理论与实践相结合到理论提升再到实践论证的研究路线，从而提升教师的专业素养和学生的口语水平。

三、研究方法与过程

1. 研究方法

（1）整体研究法。

在一个班级进行教学的过程中，实践与完善课堂口语教学，把研究与实践紧密地结合起来，探索提高口语教学的有效方法。

（2）个例研究法。

针对某一课、某一教学阶段或者某一学生等进行个案研究，最终提炼出共性的结论。

（3）调查研究法。

在以上两种办法实施后，对一线教师和学生进行阶段性调查检验，为研究的顺利进行提供事实性依据。

（4）反思研究法。

通过教育教学实践，不断总结、反思，逐步提高研究质量。

（5）文献分析法。

文献分析法是学习理论、收集信息的主要方法，其中信息资料主要来源于教育理论书籍、报纸杂志以及网络下载的相关资料等。通过对这些资料信息的分析与研究，可达到准确地界定课题研究的价值性、可行性及关键概念的内涵与外延，并制定研究目标与实施方案的目的。

2. 研究过程

（1）准备阶段：2018年1—3月。

① 接受任务分工，进行前期准备。

② 开展调查分析，立足校情、学情、师情，制订研究方案。

（2）实施阶段：2018年4—5月。

① 开展各项调查分析，立足于学生的全面发展和教师的专业提升，进一步完善实验方案及实验计划。

② 建立学生成长记录，帮助梳理实验中各项成果统计。

③依托"教学研究月",进行全面研究,从不同层面推进有效教学的研究。

（3）梳理阶段:2018年6—7月。

阶段成果形式:阶段研究报告,研究课,录像课,交流材料,教案,论文,教师笔记等。

四、本课题的创新之处

（1）教师都建构了自己有效教学的评价标准,部分教师已形成自己独特的教学风格,我校课堂教学"百花齐放"。

（2）教师都坚持写教学日记,留下自身成长的足迹。撰写教学日记,既可积累经验,又可进行反思,以求进步。

（3）校本课程资源的开发与利用。校园内的一草一木都是校本资源,它让教师成为一名真正的课程开发者,促进教师专业自主发展。

（4）对于教育教学中存在的问题、困惑,我们及时总结,并以课堂实践为基点,以共同研讨、教师间互相听课和评课为手段,促使教师间取长补短,通过同伴互助和专业引领,促使教师进行教学反思以改进教学,走向"自主开放、协作创新"的发展之路。

（5）加强师师合作,整合课程资源,让课堂有生机、有效率。

（6）加强各种培训,使教师将教育知识和技能艺术地应用于教学实践,提升教育教学的有效性,以此促进教师的专业化发展,进而推动学校的发展。

五、课题实验的研究成果

1. 研究成效

（1）学生受益。

课堂教学的有效性是教师与学生的和谐发展,是知识、能力与兴趣的有机统一。本课题研究让学生的学习行为得以优化,教师重视学生学习动机的激发、学习策略和注意力的培养,精心设计教学活动,让学生在参与与体验中学习,真正实现以学生为主体,使学习过程更多地成为学生发现问题、探索问题、研究问题、解决问题的过程,并由此形成了一些有效的学习方法，如（语文）识记的方法、美观书写生字的方法、自学课文的方法、课外阅读的方法、（数学）小组合作的方法等，从而在班级中营造浓厚的学习氛围与和谐的师生关系，大大提高了教学质量，更有利于素质教育的全面落实。

（2）教师受益。

课题实验的过程也是教师不断反思、不断进步的过程。我校教师在不断学习、探索与反思中逐渐做到深入文本、以生为本、规范流程，能营造"实在""和谐"、富有"美感"的教学境界，加快了教师的专业化成长，从而真正成为新课改的实施者、推动者和创造者。课题组成员根据研究目标，在教学实验中对教学内容进行了有效整合，对教学策略进行了有效选择，开展了子课题研究（如徐文玲老师的"看图写话与语文能力训练"，丁林玲老师的"让阅读从第一课时开始"，代厚华老师的"如何在数学教学中进行有效备课"等），课堂教学真正做到扎实有效。在追求"有特色、有风格、高效率"的课堂教学的同时，部分教师的教学个性得以体现和张扬，从而促进了教师的专业化发展。

（3）学校受益。

通过课题研究，学校一大批参与课题研究的教师和学生的各项素养得到明显提高，这批师生在教育教学实践中成为有效教学研究的有力推动者，从而实现了"课题研究""校本教研""校本培训"的有机整合，全面带动了学校教育教学专业化水平的快速提升。

2. 研究成果

（1）实践成果。

① 有效教学课例（文本、光盘）。主要是依据课题研究"有效教学的途径与方法"，参加各级公开课、研究课活动近20个案例。

② 有效教学优秀案例集（文本）。主要是依据课题研究目标，将有效教学的探索与课堂教学实际有机结合，在课题研究上走出一条新路。本案例集精选了15个代表性案例。

③ 有效教学研究论文集（文本）。自开展有效教学课题研究以来，课题组成员及其他教师充分利用课题理论和实践的优势研究环境，积极撰写论文。本论文集共收集论文15篇。

（2）理论成果。

新课程的理想课堂教学应包含三大理念：生活性、发展性和人文性。在本课题研究过程中，我们按照"有效备课—有效指导—有效互动—有效课堂管理—有效练习—有效探究策略—有效教学评价"的步骤开展实验，并总结了一系列课堂有效教学的方法：语文组推广运用"头脑风暴"作文教学方法和"读—说—演—背"低段语文阅读课教学模式；数学组在教学中体现了"生活中的数学"的新课程理念，形成了"自悟、引探、求新"的教学特色；英语组采用"TPR"教学法，将英语学习置于文化背景下，将阅读理解、口语训练、写作学习融为一体，用"全英化"的课堂教学语言为学生营造了英语学习的环境。

六、需要进一步探讨的问题

实现有效教学是一项艰巨、持久的工程，是课题组成员及全体教师追求的目标，我们的研究还不够深入，离目标还有一定的差距。需要深入探讨的问题如下。

（1）如何对有效教学进行更为科学的评价？我们目前仍没有一套判定有效课堂教学的量化标准，只能根据新课程标准的要求模糊把握。

（2）如何才能切实减轻学生的作业负担？这不仅要求更新观念，而且要有具体的操作方法。如何减少无效的作业，提高作业的质量？教师怎样才能为学生布置合理的作业？如何有效地进行作业分层？我们在这方面的研究还不够深入。

总之，随着教学改革的深入，教育技术、教学方法也应及时做出相应的调整和改善，用先进的教育技术造就优秀的新世纪人才刻不容缓。我们只有不断奋进，努力进取，积极探索有效教学的途径与方法，才能跟上时代潮流，为教育事业做出应有的贡献。

初中语文有效性朗读教学的过程与实践

铁岭市实验学校　方　源

在初中进行有效的朗读教学，要始终遵循从容易到困难、从简单到繁复的原则。教要做到符合学生的实际，根据教学要求和学生的朗读水平制订朗读教学计划；学要做到学有所获，能够从本次授课中获取新的朗读技巧，得到提高。教朗读，不能急于求成，这是一个慢慢积累语感的过程。完整的有效朗读教学应该经历以下过程：初步检测学生的朗读水平→制订朗读训练计划→进行课堂朗读教学实践→再次检测学生的朗读水平→师生共同反思本堂课的收获→多次实践→参考学生建议并总结→完善计划→形成特色的朗读教学系统。在具体的教学实践中，要做到目的性、针对性、技巧性三者贯穿其中，灵活运用。

一、明确朗读目的是进行有效朗读教学的前提

朗读教学要有目的性，这是进行有效性朗读教学首先要做的。目的可以根据不同的学习过程来确定。

1. 预习性朗读，目的是读正确、读流利

在学生借助工具书、教材辅导书等资料疏通字音后，教师可以通过齐读的方式让学生读正确、读流利，不漏读、不跳读，争取做到发音准确，声音洪亮。教师在这一过程中要集中注意力发现学生的错误并给予纠正，这样才能在下次朗读时进行更深入的分析。

2. 练习性朗读，目的是读出内涵

初读课文后就需要分析课文。教师一定要让学生带着问题去朗读，这

样才能做到步步深入，条理清晰；要让学生通过反复朗读，理解课文的内容，品味作者的思想感情。

3. 复习性朗读，目的是读出情韵

在理解课文的基础上，再总结性地朗读，让学生带着自己品味出来的感情朗读课文，检测自己是否真的掌握了文章的内涵。在复习过程中，通过朗读回忆课文。

二、有针对性的朗读教学是进行有效朗读教学的保障

明确教学目的后，在具体的教学实践中，教师要尽量做到教学指向分明，不能千篇一律；要仔细研究初中三年的语文教材，筛选出适合朗读教学的文章或片段，还要尽可能全面检测学生的朗读水平，从而进行针对性教学。

1. 针对性是指对课文的针对性

不同体裁、不同作家的作品有不同的风格。不是所有课文都适合拿来朗读，也不是课文所有段落都需要朗读。不同体裁的课文有不同的侧重点，要加强对重点板块的朗读训练。例如，在文言文朗读教学时，要求学生咬字清楚，声音洪亮，通过朗读能大体揣摩文本的意思；在诗歌朗读教学时，关键是掌握诗歌的朗读节奏，句子章节停顿要分明，旨在通过朗读感受诗歌的意境美，理解诗歌的内涵；在小说朗读教学时，注重对景物描写和人物描写的朗读，从而把握小说的主旨；在戏剧朗读教学时，最重要的部分是人物的对话，朗读要传神，富有个性；在散文朗读教学时，要注意语气的优美，不宜停顿太多，否则会破坏原文的美感。

在初中语文课本中出现了很多个性鲜明的人物，要了解人物形象并记住它，最关键的方法就是朗读。《故乡》是人教版九年级语文教材上册鲁迅先生的一篇小说，其中闰土的形象深入人心。相隔二十年，经过现实的榨取，闰土从儿时的天真活泼，"我"向往的"大英雄"变得迂腐木讷，称呼"我"为老爷，不读一读是难以体会人物的转变和作者内心的悲痛的。而作者最后一句总结的话语发人深省："希望是本无所谓有，无所谓无的。这正如地上的路；其实地上本没有路，走的人多了，也便成了路。"学生只有充分朗读，才能品味出这句话的内涵。

2. 针对性是指对学生的针对性

教师应该精心打造适合自己和学生的个性朗读教学。处在不同学段、不同层次的学生，人生阅历有丰有贫，语感有优有次，课文理解能力有强有弱，要对学生进行针对性的朗读指导，发扬每个学生的个性。

从学段上看，初一的学生刚从小学升入中学，学习积极性都较高，教师应在平时多训练学生朗读，同时要求不要太高，让大部分学生做到正确、响亮地朗读即可。初一的学生想象力较丰富，朗读时可让学生联想画面，学会用自己的语言描述出来；初二的学生处在中间阶段，教师可加强流畅、有感情地朗读训练，也可以通过朗读比赛来提高学生的朗读水平；初三的学生面临升学压力，很多学生不愿把过多的时间放在朗读上，因此，教师可对需要背诵的课文进行强化朗读训练，初三学生的知识领悟能力和情感感受能力较强，要多鼓励他们进行个性化朗读。

三、采取合理适用的方法是进行有效朗读教学的关键

运用合适的方法教学能达到事半功倍的效果；反之，教学就会一片混乱。没有完美的方法，只有适合自己的方法。那么，在实践中教师应该掌握哪些基本的教学技巧呢？

首先，作为一名合格的语文教师，必须正确地掌握朗读技巧。语调、语速、语气、重音、停顿、节奏，每一个技巧都需要教师反复琢磨。只有提高自己的朗读水平，学生才能学得更好。一般来说，朗读讲究自然，不做作。

其次，教师应合理采用朗读方式，以适应不同的教学情况。朗读方式有教师示范朗读、听录音范读、学生齐读、分组朗读、个体学生读、领读、轮流读、自由朗读、男女分合读、情境朗读、分角色朗读等。教师还可以根据学生的实际情况创造出具有新意的朗读方式，如改读，有的课文可以用方言读，也可以用英文读。在一堂课中运用多种朗读方式可以达到理想的教学效果。其中，有几种常用的方式是值得教师仔细斟酌的。

1. 教师示范朗读

教师示范朗读前一定要做好准备工作，多汲取朗诵家、磁带、录音朗读

的优点，反复研读课文，最好能做到诵读。教师在朗读时应化为作者的发言者，把作者的心声、文本的内涵生动细腻地表达出来，使学生受到美的教育和感染。学生是直接行为接受者，自己的语文老师示范朗读远比听录音更有震撼力。这既彰显了教师自己的教学实力，又方便对学生进行直接朗读辅导。另外，学生都乐于模仿，教师一番饱含深情的朗读能够引来全班的喝彩，从而达到活跃课堂氛围的效果。

2. 学生齐读

在齐读的过程中，部分学生容易滥竽充数，注意力不集中。所以，齐读时间不宜过长，一般篇幅短小的诗歌或者文章精彩的片段适合齐读，如《春》的最后三个自然段齐读起来逐层递进，能让学生充分理解春天像娃娃、小姑娘、青年的特征。同时，文章结尾的齐读能让学生对整篇课文的主旨有更深层次的领悟。

3. 学生分角色朗读

分角色朗读是一种具有趣味性的朗读方式，它能使人物对话丰富的文章学起来妙趣横生。在戏剧和小说中，分角色朗读常常是教师和学生最青睐的一种朗读方式。这种朗读方式能让全班学生积极参与进来，使整个课堂不再沉寂无声，而是充满学生的朗读声、欢笑声。教师要专心听学生的朗读是否传达出了角色的神韵，更要注意未分配角色的学生，要给他们设置问题，如在其他同学朗读的过程中，你能感受到角色的性格吗？要让全班学生参与其中，而不是几个人的"表演"。同时要注意多变换角色朗读，这样能让更多的学生有朗读的机会，而且能帮助学生从不同角度理解课文。

朗读，不单单是让学生张张口，它俨然发展为一种课型。初中阶段的语文朗读教学不仅在阅读教学中发挥了重要的作用，更从整体上使学生的语文水平大幅度提高，有效的朗读教学能培养学生的综合能力与素质。希望教师在日后的教学实践中更加注重朗读教学，让其成为积极影响学生的重要教学方法。

群文阅读下的古诗词教学

——李白的《子夜吴歌》

铁岭市实验学校　孙黎黎

"群文阅读"这一新兴词汇，已成为当下语文界的热议话题。

何谓群文阅读呢？

群文阅读是群文阅读教学的简称，是最近两年在我国悄然兴起的一种具有突破性的阅读教学实践。群文阅读就是师生围绕一个或多个议题选择一组文章，而后进行阅读和集体建构，最终达成共识的过程。

群文阅读相关的实践探索大体上分为五个层次：第一个层次以教材为主，强调单元整合，以"单元整组"阅读教学为代表；第二个层次突破教材，强调以课内文本为主，增加课外阅读，"一篇带多篇"；第三个层次把范围扩展到整本书的阅读，强调"整本书阅读"或者"一本带多本"阅读；第四个层次提出阅读教学需要围绕一个核心主题展开，以"主题阅读"为代表；第五个层次把课内和课外阅读打通，由课内一篇文章引出课外同一题材、同一主题的多篇文章。

基于第四个层次的要求，我在教学中尝试对古诗词进行群文阅读。我采用一篇带多篇，围绕一个主题的分组教学，效果甚佳。下面就结合李白的组诗《子夜吴歌》来谈谈我的做法。

《子夜吴歌》，又称《子夜四时歌四首》，是唐代诗人李白的组诗作品。这四首诗分别以四时情景写了四件事。第一首写春景，秦罗敷采桑的故事；第二首写夏景，西施若耶溪采莲的故事；第三首写秋景，戍妇为征人织布捣衣之事；第四首写冬景，戍妇为征夫缝制棉衣之事。四首诗连起来则是一组彩绘的春、夏、秋、冬四幅美人图。组诗构思巧妙，层次分明，结构严谨，非常适合小学高年级学生阅读背诵。其中《秋歌》是比较常见的一首，"长安一片月，万户捣衣声"是学生耳熟能详的一句诗。我把《秋歌》作为组诗教学的切入口。出示古诗之前，我先出示相关图片，让学生描述图片的内容。大部分同学都能说出，这是一个月夜古代妇女们在洗衣服。"是啊，就是这样一幅简单的画面，在我们的大诗人笔下却有着不同寻常的故事。"我说的话一下子激发了学生的学习兴趣，我适时出示《秋歌》这首古诗词。

秋 歌

长安一片月，万户捣衣声。

秋风吹不尽，总是玉关情。

何日平胡虏，良人罢远征。

基于学生之前学习古诗词的经验，我让他们先自读古诗并结合注释理解诗意。通过自学及小组交流，学生基本能理解诗词大意，但对个别词语理解不到位，如"玉关情""平胡虏""良人"。学生在学习过程中遇到解决不了的问题时，我才会适时点拨。这时候我交代全诗的写作背景。诗人由景入手写了征夫之妻秋夜思念远征边陲的丈夫，希望早日结束战争，丈夫再也不用离家去边关打仗，表面看充满了儿女情长，深处却蕴含着家国情怀，其情调用意都没有脱离边塞诗的风韵。有了这样的讲解，学生对这首诗有了更深层次的认识。除此之外，在古诗词教学中，我一直注意知识的关联性。有的知识点是牵一发而动全身的。例如，"良人"是古时妇女对丈夫的称呼。《诗经·国风·唐风·绸缪》曰："今夕何夕，见此良人。"玉门关，故址在今甘肃省敦煌市西北，此处代指良人戍边之地。这样的讲解有利于学生语文知识的积累和语文综合素养的提高。

就在学生对这篇《秋歌》意犹未尽之时，我又推出《春歌》《夏歌》《冬歌》。学生对比阅读，通过抓重点词、结合画面等方法来理解诗意。广泛阅读之后，我让学生选择一首最喜欢的仔细研读。这时候小组交流是必不可少的，学生在组内交流彼此的阅读感悟，互相倾听、互相补充。《春歌》里的"素手青条上，红妆白日鲜"，春光明媚的画面感跃然纸上，"素手""红妆"又让学生感受到了罗敷的勤劳与貌美。罗敷，何许人也？此时，知识链接到乐府诗《陌上桑》中"日出东南隅，照我秦氏楼。秦氏有好女，自名为罗敷。罗敷喜蚕桑，采桑城南隅"的诗句，简要介绍汉乐府诗《陌上桑》中美女秦罗敷的故事。秦罗敷不仅有美貌，更有美丽的心灵。诗人赞扬她不为富贵动心的高尚品质。而且，诗中还突出了秦罗敷的勤劳品质，这在"蚕饥妾欲去，五马莫留连"一句中得到了很好的体现。在《春歌》里诗人以罗敷为主角，用采桑起兴，展开了一幅春的画面。

《夏歌》以写景开头："镜湖三百里，菡萏发荷花。"在荷花含苞待放的时候，西施在镜湖采莲，前来观看的人挤满了若耶溪。西施回家不到一个月，便被选进宫中。这一小情节又引出了一段历史佳话。学生惊叹道："原来古诗词中还藏着历史故事啊！"

《冬歌》通过一位女子"一夜絮征袍"的事情，来表现其对在外行军打仗的丈夫的思念之情。学生在反复的吟诵中体会到"素手抽针冷，那堪把剪刀"的凄苦，在"裁缝寄远道，几日到临洮"中体会到妻子对丈夫的担心。

在组诗教学中，除了让学生理解诗意外，又一教学重点是让学生了解组诗的主题。所以，寻找四首诗词的共同点与不同点是最好的教学方法。学生通过比较，总结出《子夜吴歌》四首诗都是写女子的，写女子的生活、女子的劳作、女子的心思、女子的情感。不同点是《春歌》《夏歌》《冬歌》分别描写了一位女子，而《秋歌》写了很多女子，塑造的是长安思妇的整体形象。这也是《秋歌》名气大的原因之一。另外，《春歌》《夏歌》《秋歌》都有景色描写，唯有《冬歌》是写人叙事。

最后，我带领学生走近李白，了解他的诗风。根据以往的阅读经验，学生不难说出李白的诗以抒情为主，诗风雄奇豪放，想象丰富，又善于描绘自然景色，很多诗句表达了对祖国山河的热爱。而本组诗让我们了解到李白的另一面，即对权贵的蔑视，对人民疾苦的同情，诗人还善于从民间故事和神话传说中寻找素材，形成其特有的诗风。

本组诗的学习囊括了理解诗意、背诵诗词、分析情感、总结主题等多方面的内容。让学生掌握这样的学习方法，才能达到群文阅读教学的目的。

　　群文阅读的出现，既是对阅读教学内容的突破，也是对阅读教学模式的突破。通过一段时间的群文阅读教学，我发现这种阅读方式更有益于学生积累知识、体验情感、培养思想，对于全面提高学生的语文素养具有十分重要的意义。这也是群文阅读的魅力所在吧！

教师角色的转变

铁岭市实验学校 孙 艳

随着课堂教学改革逐步深入，新课程也正在走进师生的生活。就新课标实施而言，教师要努力改善和优化教学流程，使每个教学环节都充满生机与活力，使语文教学能面向全体学生，使不同的学生得到不同的发展。语文教师应不断更新自己的教学理念，以适应新时代对教师的要求。

一、更新传统教学理念

自古以来，教师被认为是"传道、授业、解惑"的人；教师是教学的绝对支配者，教学就是教师传授知识；教师"闻道在先"，教师与学生之间有一种"知"和"不知"的矛盾，教师在教学中应占主导地位。而作为主体的学生，常常是有名无实。但随着课堂改革的逐步深入，教师的角色正发生着重大转变，教学的多样性、变动性要求教师做一个决策者，而不再是一个授业者。教师不仅是已有专业知识和技能的传授者，也不仅是专业知识和技能的发展者，还应时时参与到学生的学习之中，与学生一起分享各自的思想和想法，从而使学生的学习既富有生机又充满情趣。新课程理念下的课堂教学过程不仅是一个特殊的认识过程，而且是师生情感共融、价值共享、共同创造、共同享受生命体验的完整的生活过程。因此，教师要意识到自己的主要任务在于促进学生发展，不但要关注学生知识的掌握情况，还要关注学生的情绪和情感体验，强调以人为本，注意师生间在人格上是完全平等的，没有高低、强弱之分。师生间要相互交流、沟通、理解、补充，使教学真正成为师生交往、共同发展的互动过程。

127

二、更新传统教学过程

传统语文教学过程只注重讲授课文内容，变成了学生被动的机械模仿，学生付出的精力主要用于消化理解教师所讲，学生头脑中复制的是教师的思想和语言。这就导致学生不能亲自体验和理解语文知识，也不能把它变成自己的语言，这样的语文课是枯燥乏味的，语文教学过程本身所特有的启发性、探究性和实践性荡然无存，同时也忽略了教学的实际应用价值及其人文性。新课标要求语文教师营造课堂氛围来保护学生的主体地位，在教学过程中力求做到正确引导，善于激发，积极促进学生思维的发展，淡化课程执行中的预定性和统一性，注重学生的独特感受、体验和理解。其中注意三个"切忌"：首先，切忌"画地为牢"。"画地为牢"就是教师千方百计地将学生引入自己预设的"圈套"内，束缚学生的思维。其次，切忌"唯我独尊"。"唯我独尊"就是教师不准学生提出不同看法，让学生拘泥于教师的一家之言。最后，切忌"口若悬河"。这类教师一到讲台上就滔滔不绝、喋喋不休地给学生灌输知识，学生难以拓展想象的空间，学习效果必然欠佳。

新课程的课堂教学不再是一个封闭系统，而是强调预设的教案在实施过程中必须开放地接纳始料未及的体验，鼓励师生互动中的即兴创造，超越目标预定的要求。具体地说，在时间上，我们要引导学生站在历史的制高点贯通古今；在空间上，我们要具有宏大视野，为课堂教学搭建一座立体式的平台。学生可以到大自然中去学习，到社会实践中去学习。著名教育家陶行知先生说得好："花草是活书，树木是活书，飞禽、走兽、小虫、微生物是活书。山川湖海、风云雨雪、天体运行都是活书。活的人、活的问题、活的文化、活的成功、活的世界、活的宇宙、活的变化都是活的知识之宝库，便都是活的书。"这部宏大、深邃的"无字书"走进了新课程，成为学生阅读、思考、探究的对象。学生通过这部书，观察变化无穷的自然，认识奇妙精巧的世界，了解广阔复杂的社会，体会丰富多彩的生活，同时促进了他们个性的发展。

三、教师要有创新精神

新课标明确提出要培养学生的创新精神与实践能力。要做到这一点，首先，教师本身必须具有创新精神。教师作为教学过程的主导者，是创新教育的主要参与者和实践者，是实施素质教育的根本保证。要培养学生的创新能力，教师必须先成为一个富有创新意识的人。一个循规蹈矩、步人后尘、不研究学生创新动态、不去突破常规教学模式的教师，根本不可能去创新，更不可能去指导学生创新，只能做一个"知识技能的传播者"。因此，语文教师必须不断学习，时时掌握教学信息动态，更新教育观念，接受并容纳新的教育理念，不断地尝试有利于培养学生创新意识的教学方法。在教学中，我也深刻地体会到，如果机械地向学生灌输知识技能，学生不但无创新可言，就连创新的欲望也被扼杀。所以，在教学中教师必须创造性地工作，为学生提供一个良好的学习环境，这有利于学生创新能力的培养。与此同时，还要有创新的管理相配套，如对学生的考核、对教师的评价的标准等都需要更新。现今的评价往往只重结果而忽视过程，如对学生的评价主要通过考试成绩来进行，新的评价标准不仅要考查学生知识的掌握情况，更要重视各种能力的发展状况。否则，创新教育只是一句空话。教学又会回到传统的应试教育的路上来。其次，教师要有一定的创新能力。教师提高创新能力最有效的手段就是提高自己的教研水平。对于新课程，很多教师都会遇到陌生的问题，穿新鞋走老路是行不通的。此时，教研就显得极为重要。教师可以通过教研促进自身发展，成为新课程实施中的研究者，以科研促教学。当然，实施创新教育，教师不能走极端，毕竟教育的基本功是文化传承，没有继承就没有发展，更难以创新。

四、教师要具备多元化的知识结构

知识的综合化是当代科学发展的一个重要方向，设置科学的综合课程已成为课程改革的必然趋势。中小学设置综合化课程能够真正起到促进学生全面发展、主动发展的教育作用。教师要进行研究性学习，突破原有的以单科性为主的课程框架，开发具有综合性、社会性、实践性特点的新型课程。因此，今天的教师面临着巨大的挑战。为顺利实施新课标，教师应努力促进自身语文教学观念与教育策略的转变，具备多元化的知识结构，争取做到对中学各科知识融会贯通，彻底摒弃"隔行如隔山"的落后陈腐观念。其实，语文学科本身就是一门综合性很强的学科，内容涉及自然科学的方方面面。因此，语文教师所掌握的知识应该由文学向哲学、历史学、地理学、教育学、心理学以及自然科学拓展，从而建立起多元化的知识结构。为此，作为一名语文教师，必须勤于学习，广泛涉猎，善于积累，使自己不仅有丰富的文学专业知识，更有广阔的文化视野和深厚的文化底蕴。总之，唯有教师角色的全方位更新，才能使教师以优异的素质去适应以培养学生的创新精神和实践能力为特征的研究性学习，也才能使中学教育不断适应新世纪激烈竞争的需要。

一位教育家说过："教师的定律，一言以蔽之，就是你一旦今日停止成长，明日你将停止教学。"为此，作为新型教师，我们要争当时代的排头兵，审视传统教育的优与劣，对照新课标，不断"充电"，认真反思，及时更新自己的教育理念，让学生学会认知，学会做事，学会共处，学会生存。为了中华民族的复兴，为了每一位学生的发展，让我们张开双臂，热情地拥抱语文教学改革的春天吧！

小学数学教学中如何培养学生的自信心

铁岭市实验学校　唐海艳

自信心是一种反映个体对自己是否有能力成功地完成某项活动的信任程度的心理特性，是一种积极、有效地表达自我价值、自我尊重、自我理解的意识特征和心理状态，也称信心。自信心的个体差异不同程度地影响着学习、竞赛、就业、成就等多方面的个体心理和行为。可以说，自信心是一种推动人们进行活动的强大动力，也是一种对实现目标的心理倾向，更是人们完成活动的有力保证。美国教育家戴尔·卡耐基在调查了很多名人的经历后提出："在一个人事业成功的因素中，学识和专业技术只占15%，而良好的心理素质占85%。"可见，自信对一个人很重要，它是成功的基础。心理学研究发现，小学生的明显差异源于自信心。小学生的自信心是随着生理、心理的逐渐成熟，在客观因素的影响下，以学习活动为中介，通过个体的主观能动作用而逐渐形成和发展的。小学是接受新事物和良好教育的关键时期，而小学数学学科对小学生来说是一门抽象的学科，通过长期的小学数学教学实践激发学生的自信心，是小学生学好数学的前提和基本动力。

一、建立小学生自信心的重要性

我们都知道，一个人的自信程度与他的成功率成正比。也就是说，成功的次数越多，自信心就越强；相反，失败的次数越多，自信心就越弱。自信心对小学生性格的形成、成绩的优劣、事业的成败等具有十分重要的影响。现代心理学以及教育学的研究表明：人的自信心只有很少一部分受遗传因素影响，而环境和教育对个体自信心的形成与增强有着决定性的作用。这充分说明，自信心的培养是社会教育、学校教育与家庭教育中一个非常重要的方面。某心理学家曾经对千名儿童进行追踪研究，30年后他对其中的30%高成就者与20%无大成就者进行比较，发现他们最明显的区别就是自信心。所以，从某种意义上说，拥有了自信，也就奠定了日后成功的基础。对于小学生的学习也是如此。

教师必须及时、恰当地鼓励学去思考、去表达自己的想法，去表现自己的技能。学生在学习和实践中哪怕是一点点努力也应及时给予肯定与赞扬。小学生渴望得到别人的表扬，特别是老师的表扬。只要学生进步，教师就要给予肯定和表扬，使他们的个性和心理得到平衡发展，增强他们的自信心。

数学具有很强的科学性、严谨性，在数学学习过程中，教师要鼓励学生大胆质疑，而不是鼓励学生死学。增强学生的自信心有助于学生理解数学知识，提高学生的学习能力。我们应该用欣赏的眼光对待每一名学生，用鼓励和赞扬的语言培养学生的自信心。

二、在小学数学教学中培养学生的自信心

1. 良好的课堂氛围是培养自信的基础

教育心理学研究和教育实践表明：学生在没有精神压力，没有心理负担，心情舒畅、情绪饱满的情况下，大脑皮层容易形成兴奋中心，同时思维最活跃，实践能力最强。那么，作为教师我们应该明白：良好的课堂氛围是建立学生自信心的必备条件。实践也证明，当学生在一个宽松愉悦的环境中学习，他们的自信心就较强，就有不怕失败的心理，有自由发挥、充分交流的机会，有无拘无束的思维空间。因此，在这样的环境下产生的自信心是学生向新的目标、新的成绩前进的动力，随着新成绩的取得，又会形成向更高目标进取的内驱力，从而形成发展进步的良性循环。所以，教师要善于发现学生的优点和长处，并给予及时的肯定和鼓励。如果学生遇到困难，教师不应面露焦虑，应恰到好处地运用神态动作，以"会说话"的脸部表情和"信任"的眼神来激励学生深入思考，可用"别急，慢慢想，一定能想出来"等关心的话语来鼓励他们。同时可以充分调动优生

的力量来帮助学困生学习，学生之间的互相探讨不仅有助于完成教学任务，而且通过学生帮学生，能避免学困生辅导时的紧张情绪，有时会收到比教师辅导更理想的效果。通过创设这样的课堂氛围，可以帮助学生维持良好的情感体验，树立再创佳绩的信心，同时为每位学生获得成功奠定基础。

2. 兴趣教学是培养自信的前提

兴趣是学生最好的老师，是开启知识大门的金钥匙。小学生如果对数学有浓厚的兴趣，就会产生强烈的求知欲望，表现出对数学学习的一种特殊情感，学习起来就会乐此不疲，这就是所谓的"乐学之下无负担"。针对儿童以形象思维为主的特点，在教学时，教师应采用多种多样的形式，直观形象、图文并茂、生动有趣地呈现教学内容，以提高学生的学习兴趣，满足其多样化的学习需求。例如，在教学"分数的大小比较"一课时，可以通过故事的形式呈现：唐僧师徒四人去西天取经。一天，天气特别炎热，师徒四人口渴难忍，师父让八戒去找西瓜解渴。不一会儿，八戒抱着一个大西瓜回来了。悟空说："把西瓜平均分成四份，每人一份。"八戒听了不高兴了，说："西瓜是我找来的，不给我六分之一，也得给我五分之一。"悟空笑了，赶紧切了五分之一给八戒。八戒吃完西瓜拍着肚皮说："我真傻，为什么比应得的还少呢？"听完故事后，可让学生说说听后的感想。以故事的方式呈现教学内容，既生动有趣，又蕴含新知，而且能最大限度地发挥学生学习的积极性，自信心也在不知不觉中建立起来了。再如，在学习有余数的除法时，"把7个苹果平均放在2个盘子里，每盘几个，还余几个？"这时，可以采用实物演示，让一个学生分苹果给其他两个同学，然后请全班说说分的方法和结果，从而得出结论。这样的呈现方式不仅有利于提高学生的学习兴趣，而且分苹果这一活动对学生来说非常简单，他们都愿意表现自己，当他们获得成功时，学习的自信心就更足了。总之，在教学中，紧密联系学生的生活实际，会让学生感到亲切、有趣，从而唤起学生参与学习的兴趣和热情，也能大大提高学生的自信心。

3. 语言激励是培养自信的手段

小学生的年龄特点决定了教师应使用积极的、赞扬的语言来培养学生的自信心。激励性的语言往往能够极大地鼓励学生，促进学生善于学习、乐于学习。教师要学会用欣赏的眼光看待每一个学生。例如，学生算对一道数学题、学生动脑筋思考问题等都要通过激励性的语言及时给予肯定和鼓励，使学生获得成功的体验，增强自信心。另外，只有善于欣赏学生、鼓励学生的教师，才能赢得学生的喜欢和尊敬，只有赢得学生的喜欢和尊敬，才能实现学生"亲其师，信其道"。

语言激励包括口头语言激励和体态语言激励。教师对学生的口头语言激励是评价方式中最直接、最快捷、使用频率最高、影响最大的一种。在使用口头语言激励时应注重情感投入，即用简短、恰当的措辞，热情地给予褒奖，像一股春风滋润学生的心田。慢慢地，学生就愿意和教师交谈，在课堂上积极思考、主动发言。教师可以进行这样的口头语言激励："在这个问题上，你可以做我的老师了！""你分析问题那么透彻，老师真希望每节课都能听到你的发言。""这么难的题你能回答得很完整，真是了不起！"

"你很会说话""你能行，我相信你"等，这样的语言经常出现在我的课堂上。这些带有丰富情感的语言，不仅激励了学生，还张扬了学生的个性，使学生提高了学习数学的自信心，得到了自由和谐的发展。

4. 教学过程是培养自信的途径

在小学数学教学活动中，只有让学生积极参与，才能激发学生的积极性、主动性和创造性，所以教学过程是培养学生自信心的根本途径。在教学活动中，教师要学会用智慧挖掘学生的潜力，鼓励学生成为学习的主体。例如，在创设情境的过程中，教师可采用多种教学手段激发学生的学习兴趣和探究欲望；在探究新知环节中，教师要鼓励学生大胆质疑，给学生提供主动参与的机会，为学生营造轻松自由的学习氛围和学习空间；在巩固应用过程中，教师可通过检查及时纠正学生的问题，并给予鼓励，帮助学生成为爱学习的孩子；在课堂小结中，教师要注重激励性评价的使用，鼓励学生进行创造性学习。在整个教学过程中，教师要采用多种教学策略，最大限度地激发学生的自信心，促进学生的主动参与和主动发展，营造良好的学习氛围。

总之，自信心的建立是积极进取获得成功的结果，自信是人的基本素质之一，是竞争中的心理力量。因此，教师在教学过程中应该帮助学生树立自信心，培养学生的自信心也是教师的一项重要工作。

浅谈初中数学教学中课堂导入的方法

铁岭市实验学校　常　晴

课堂导入虽然在整个课堂教学过程中所占比例较小，但在课堂中的地位举足轻重。一个好的课堂导入，可以激起学生强烈的求知欲望，可以把学生自然而然地带到课堂教学中去，可以把学生的注意力集中到学习内容上来，可以激活学生已有的知识结构，为学生进一步钻研新知识做好铺垫。所以，在数学课堂教学中，我们必须重视课堂导入。

一、情境导入，激发兴趣

新课程改革倡导情境导入。情境导入就是教师充分利用学生的生活经验，设计生动有趣、直观形象的教学活动，让学生在课堂教学刚开始就置身于与课堂教学内容相关的情境中，使学生在形象的、直观的氛围中参与课堂教学，以激发学生的探究思维和学习兴趣，更好地完成学习目标。

例如，在学习用字母表示数时，老师提问："我们已经学习了26个英文字母，这些英文字母除了能组成英语单词表达语言外，在我们的现实生活中还有什么作用呢？"这时学生默默无言，老师接着引导学生："你们在生活中的哪些地方看到过字母呢？"这时，学生开始畅所欲言。有的说写字楼有a座、b座、c座、d座，扑克牌有A、J、Q、K；有的说沈阳的车牌号是辽A，铁岭的车牌号是辽M；有的说衣服的尺码有S、M、L、XL、XXL；还有的说经常用到的长度单位有km、m、dm、cm、mm、nm等。学生举出了很多生活中的实际例子，这时，老师导入新课，出示课题"用字母表示数——走进代数世界"。这样通过创设问题情境，充分利用了学生的生活经验，让学生初步体会了字母在日常生活中的广泛应用，激发了学生的学习兴趣，明确了本堂课的学习目标。

二、巧妙设疑，激发欲望

中学生的好奇心强，设疑导入法正好迎合了他们的心理特点。在上课伊始，教师可以通过巧妙的设疑激发学生学习的兴趣，使学生的探究意识、主体精神和创造潜能得到更好的发展。

例如，在教学正数和负数时，常规教学都是从生活中具有相反意义的量引入，向左和向右、上升和下降、零上和零下、收入和支出、盈利和亏本等，然后教师说明具有相反意义的量是成对出现的，一个用正数表示，一个用负数表示。这种传统意义上的教学方式，没有使学生的学习欲望得到充分的激发，只能让学生处于被动接受的地位。如果变换一种教学模式，我们看看教学效果会怎样，如老师向学生出示一个小数减大数的计算题，要求学生思考。以前学生的学习经验都是大数减小数的问题，而这个问题超出了学生已有的认知范围，使学生展开各种猜想，学生探究的兴趣很高，学习氛围浓厚。因此，教师通过巧妙设疑可以培养学生积极主动思考的良好习惯，提高了课堂效率，收到事半功倍的效果。

三、出示目标，明确要求

有的数学课根据教学内容与前后知识的联系，直接交代学习目标。这样做，教学重点突出，能使学生很快地把注意力集中到教学内容最本质、最重要的问题上来。

例如，在学习分式的基本性质时，因为有了小学分数基本性质的基础，所以教师可以直接出示目标：类比分数的基本性质，你能猜想出分式有什么性质吗？又如，在学习有理数减法时，因为有了有理数加法的基础，所以教师可以直接提出目标：有理数减法的法则是怎样的呢？有理数的加法与减法有着怎样的联系呢？这种直接出示目标的方法，用三言两语直接阐明学生学习的目的和要求，简洁明快地讲述或设问，可以在短时间内吸引学生的注意力，使学生掌握学习的方向，快速地进入学习内容当中。

四、复习导入，铺垫引新

数学知识系统性强，前后知识联系紧密，在复习旧知识的基础上，提出新知识，不仅可以巩固知识，还可以使知识得到升华。例如，在教学用完全平方公式分解因式时，复习导入可以这样设计：首先，复习用平方差公式分解因式的方法，然后提出问题，因式分解的平方差公式与整式乘法的平方差公式有什么关系？通过上节课的学习，学生很容易想到是互逆的关系，是方向相反的等式变形；接着老师引入，我们还学过乘法的完全平方公式，如果把公式的左右两端也互换位置，又成了一种怎样的形式呢？这样就轻松自然地从平方差公式分解因式的方法过渡到了用完全平方公式分解因式的方法。老师在引课当中抓住了新旧知识的某种联系，引导学生思考、联想、分析，使学生感受到了新知识就是旧知识的引申和拓展。

五、联系生活，导入新课

以生活中的实际例子作为新课导入，也是一种有效的导入方法，因为生活中的例子会给学生一种亲切感，而且能使抽象的学习内容具体化，使学生体会到数学的价值和魅力所在。

例如，在学习"平行线性质"一课时，课件展示了一些生活中平行线的例子，如书本不相交的两边、马路上的斑马线、黑板的左右两边、火车的两条铁轨、试卷的左右两边等。这些都是平时学生生活中熟悉的事物，在此基础上，教师引导学生初步感知平行线，建立平行线的表象，再从表象中发现平行线的本质特征。这样的教学感性材料充足，形成的表象更加鲜明，消除了学生对抽象的几何知识的陌生感，让学生感受到了生活中处处有数学，提高了他们学习数学的兴趣。

新课的导入方法还有很多，比如在开始上课时，引入一些热点新闻或者网络流行用语，都会让学生产生兴趣，通过兴趣铺垫引出新内容，收到事半功倍的效果。

总之，良好的开头是成功的一半。用心设计一个好的课堂导入，可以充分调动学生的学习积极性，使学生愉快地思考，主动地学习，真正成为学习的主人。

参考文献

［1］刘宗慧.浅议课堂导入在初中数学教学中的运用探讨［J］.南北桥，2020（2）：119.

［2］冯淑华.浅析初中数学课堂教学有效导入的几种策略［J］.孩子天地，2019（36）：295+298.

［3］颜玫.初中数学教学中问题情境创设的探索［J］.华夏教师，2014（11）：67.

如何结合核心素养上好一节高效的
英语阅读课

调兵山市第一初级中学　王海艳

一、核心素养的含义

核心素养指学生应具备的适应终身发展和社会发展需要的必备品格与关键能力，它以培养"全面发展的人"为核心，突出强调个人修养、社会关爱、家国情怀，更注重自主发展、合作参与、创新实践。英语学科的核心素养包括语言能力、文化意识、思维品质和学习能力。自新课改实施以来，课程的三维目标已经深入人心，但人们往往只在文本知识中去寻找它，并将它机械地割裂开来；而核心素养作为课程育人价值的集中体现，贯穿于课程目标、课程内容、教学实施以及质量标准与评价的整个过程中。三维目标可以在核心素养的目标下，在整个教学过程中得以完整体现。因此，核心素养是三维目标的整合和提升。要想培养初中生的英语核心素养，我们首先要改变教学理念和教学目标，然后运用恰当的教学手段，聚焦课堂教学，这样才能真正地让核心素养落地，促进学生智慧成长。

二、初中英语阅读教学中核心素养的培养

在新课标推动下，初中英语阅读教学改革不断深入，核心素养培养要求的提出，使初中英语阅读教学的教改定位更为明确，目标更为集中，操作更为标准。以核心素养培养为视角，初中英语阅读教学不仅需要充分考虑新课标推动过程中影响初中英语阅读教学有效性的因素，还需要考虑如

何运用丰富的教学手段及理论知识，更为精准地提升初中英语阅读教学成效。初中的英语阅读课一直以来都是让英语教师和学生头疼的课，教师总是担心学生不能透彻理解文章中的每一个句子、短语，甚至单词，因此经常逐句逐词讲解和翻译，一篇文章一节课基本结束不了，需要两节课甚至更多的时间才能完成任务。学生每每知道要学习一篇新的文章也经常会感到有压力，有的学生只是被动地学习和接受，更有甚者厌烦上阅读课，这就导致课堂效率低，一节课下来，学生除了掌握一些单词、短语和重点句子外，没有其他收获。此外，考试的试卷中，阅读理解和完形填空所占的比例很大，重点考查学生对语篇的理解和综合运用语言的能力，使得初中英语教学逐渐由重知识教育转化为重运用教育，越来越注重培养学生的阅读理解能力。如何上好一节英语课，从而培养学生的阅读理解能力，提高学生分析问题、解决问题的能力，是中学英语教师不断探索的课题。新课程改革背景下的初中英语教学的目的在于为学生的语言发展、素质发展打好基础，为他们将来的职业发展提供必要的条件。培养学生的学科核心素养包括多项任务，其中的每一项都至关重要。基于学生发展以及课程改革的要求，制定完善的教学机制是目前的当务之急。教师要从提升初中英语阅读教学时效入手，按照构建具有生命活力的初中英语阅读教学课堂的方式，分析核心素养要求下初中英语阅读教学的课内外拓展路径；在完成教学目标的同时，探讨如何让核心素养背景下的英语阅读课堂教学更出彩，以期更好地培养学生的英语核心素养。

三、课例呈现

1. 课例背景介绍

本课例是我执教的一堂公开课。

2. 教学内容

本课教学内容为人教版英语教材八年级上册第七单元"Will people have robots？"（Section B 2a & 2b）。

3. 教学过程

本节阅读课我按照Pre-reading，While-reading和Post-reading三个环节进行了设计。

俗话说：好的开端是成功的一半。因此，新课导入是课堂教学的一个关键点，是激发学生兴趣、调动学生积极性的一个妙招。一个好的导入，会使学生怀着期待的心情，盼望新课的开始。在Pre-reading环节中，我首先播放一段很有震撼力的有关未来机器人的视频，把学生的兴趣调动起来，使学生的上课状态达到了兴奋的程度，这时我抓住学生的兴奋点，引出了新单词（shape，human，possible，impossible），然后呈现教材中的图片和课文题目，引发学生对课文的预测。教材中有大量的插图，培养学生读图能力，学生通过读图获取尽可能多的信息，有助于学生理解文本信息。

在While-reading环节中，我用不同的阅读策略，如skim for general information，listen to the passage，scan for specific information，careful reading，指导学生有效地获得阅读信息。

在skim for general information阅读时，我让学生在比较短的时间内迅速找到important information，并对文章有一个总的理解，节省下来的时间可以对后续环节进行更深层次的挖掘和学习，体现高效课堂的设计。在listen to the passage阅读时，关注学生能力的形成，用实例启发学生，并引出猜词方法：构词法和依据上下文猜测法。在scan for specific information阅读时，指导学生有效地获得阅读信息，从整体到部分，根据任务的需要指定阅读的内容，这样可以节省时间。同时，多对学生进行追问，强调思维过程，引导学生发现文本中的信息，培养学生的发散思维。在careful reading中有一个竞赛活动，让学生集中注意力，关注老师的问题，并在回答问题时获取大量的信息。本环节以听说形式展示，让学生在阅读课中也有听说训练，以提升学生综合运用语言的能力。另外，让学生欣赏其中的两句话（This was not possible 20 years ago, but computers and rockets also seemed impossible 100 years ago. We never know what will happen in the future!），并进行齐读和解读，让学生对文本有更深层次的理解。同时，利用教材中蕴含人文素养的素材对学生进行人文素养的培养。

在Post-reading环节中，以空格的形式进行summary，让学生掌握重点词汇，并对每一段有一个清晰的认识。另外，通过小组讨论拓展活动，让学生发挥想象，对机器人的未来发展情况进行预测，并与同伴分享观点。

在最后的Homework环节中，学生比较喜欢的机器猫激发了学生的热情，让学生把本节课学到的知识在作业中体现出来。

四、结语

英语阅读课主要培养学生的阅读策略和获取信息的能力，关注学生的学习过程和思维过程。总之，英语教师应该改变传统的呆板、枯燥、无聊的阅读教学课堂，要重视对阅读课文的分析，训练学生的阅读技能。上好一节阅读课不容易，我们应本着以学生为主体、以教师为主导的原则，引导学生参与、体验英语阅读的快乐，激发学生阅读的兴趣。这样既能培养学生良好的学习习惯，又能使学生形成积极的学习态度和有效的学习策略，激发和培养学生进一步求知的兴趣与内在动力，最终达到提高学生综合语言运用能力的目的。

培养学生的核心素养是英语教学的初衷，教师必须始终围绕这一初衷开展日常阅读教学活动。教学不是教师的表演，而是学生的交流与合作；教学不应过于注重知识的传递，而应注重指导学生学会学习。在教学中践行新课标理念任重而道远，教师只有加强自身学习，提高自身语言及教学素养，才能使英语阅读课堂教学真正出彩，从而使学生真正具备核心素养。相信在我们的共同探索下，初中英语教育事业定会走向更加辉煌的明天！

智慧创造精彩

——如何打造精彩的数学课堂

铁岭市实验学校　轩晓辉

作为教师，我们经常会感叹，什么样的课堂才算是精彩的课堂呢？尤其是数学课堂。一般人认为，数学是复杂烦琐的公式定理、逻辑严密的论证辨析、枯燥无味的计算推理……数学似乎与枯燥、深奥连在一起。传授数学知识不可能像讲述语文课文那样用华丽生动的语言去修饰，课堂自然不可能像语文课那样精彩。可从教8年的我却不这样认为，作为数学教师的我们要做的是用我们的智慧去创造精彩的数学课堂，让我们在激情与享受中教，让学生在欢乐与入迷中学。

一、开展"课前一分钟"活动

课堂需要学生的勇气和信心。学生只有信心十足，勇气倍增，才会在课堂上侃侃而谈，才会把更多的精力投入课堂学习中。良好的开端就是成功的一半，所以我始终坚持开展"课前一分钟"活动。学生可以利用这一分钟讲述数学小常识、唱歌、跳舞、讲故事……这样学生既能充分展示自己，战胜自己对学习的恐惧，又能让其他同学掌握一些课外知识，还能活跃课堂气氛。何乐而不为呢？

二、学生课堂的精彩，源于教师的精彩

课堂是学生的主阵地，学生才是课堂的主人翁。课堂的精彩关键在于

学生，只有源于学生的精彩才是真正的精彩。那么，是否只有学生的精彩才能成就课堂的精彩呢？答案当然是否定的。虽然课堂强调学生的精彩，但这绝不意味着教师就不需要精彩。教师的精彩是呈现学生精彩的载体。教师只有努力用自己课堂上的精彩去引发学生的精彩，才能达到更高的教学境界。

1. 营造氛围，让学生敢于创造"精彩"

课堂的"精彩"是师生心灵与心灵、智慧与智慧碰撞的"火花"。作为一名教师，首先要为学生创设一个宽松、平等、民主、和谐的学习环境，而不是一个生怕师的氛围。在这样的环境下，学生才能更好地创造精彩。

2. 找准起点，让学生能够创造"精彩"

要想让学生创造"精彩"，作为教师的我们就要在教学过程中通过有效的提问、引导、点拨，唤醒学生对知识的认知、理解，引发学生思维的火花。

3. 开放教学，让学生易于创造"精彩"

在教学中教师不是一个权威的角色，学生才是学习活动的主体。教师只有给学生提供更广阔的空间，学生才更易于迸发出"精彩"。

三、激发学生的兴趣，积极参与学习活动

常言道："兴趣是最好的老师。"激发、维持、调节学生的数学学习兴趣是让数学课堂精彩的重要前提。新课程非常关注学生的情感、态度等品质的发展。学生在学习过程中会有多样化的情感体验，而正是这些多样化的情感体验逐步促进学生数学学习的兴趣、自信心的发展。所以，我们在教学中一定要运用各种教学手段激发学生的兴趣，只有这样，学生才能积极参与学习活动。记得我在教学"整十数加减法"的过程中，运用"小兔请客"的故事导入，先出示两盘苹果，每盘10个，这时小刺猬来了带走其中的一盘，然后让学生思考还剩多少个苹果。学生通过观察、比较和验证得出结论：原来有两个10，被小刺猬带走一个10，还剩一个10，答案就是10。这样的导入就将比较抽象的整十数加减法融入学生熟悉的"小兔请客"情境中，通过故事设疑，激发了学生探求新知的欲望。

四、多媒体辅助教学，为精彩课堂锦上添花

在信息网络化时代，作为教师应将多媒体技术和网络技术等信息技术应用到教学中。运用现代化技术可以优化教学环境和教学过程，激发学生学习兴趣，促进学习方式的创新。例如，在"圆的认识"教学中，我利用网络收集了很多有关圆的图片，加深学生对圆的认识，并通过动画展示教学半径与直径之间的关系，这样便可将抽象的教学具体化、形象化。巧用多媒体可以轻松突出重点，突破难点。再如，在"圆锥的认识"教学中，我利用多媒体演示将圆锥中的沙子倒入等底等高的圆柱中，正好三次倒满。这种形象化的教学既能激发学生参与学习的欲望，又能轻松让学生掌握圆锥体积与圆柱体积的关系，进而得出圆锥体积是与它等底等高的圆柱体积的1/3。又如，在"整十数加减法"习题的设计中，我也利用多媒体创设了一个"小鸡找妈妈"的游戏情境，将枯燥的习题生动化，将学生学习的欲望推上了又一个高潮。试想这种多媒体辅助教学的精彩课堂怎能不令学生喜欢呢？

五、有效评价，为课堂再现精彩瞬间

精彩的课堂，离不开教师有效的教学评价。对学生给予正确、及时的评价，不但能激发学生学习的兴趣，更能增强学生的自信。与此同时，教师应该注重评价形式的多元化。

首先，强调教师对学生的评价。在数学课堂上对于学生的回答，我会第一时间给予正确的评价。例如，谢谢你，你说得很正确、很清楚；你很有创见，这非常可贵；请再响亮地说一遍；虽然你说得不完全正确，但我很欣赏你的勇气；等等。

其次，注重学生的自我评价，如你认为自己表现得怎么样等，让学生对自己有一个合理正确的评价。

最后，强调生生互评、小组评价，如你认为××同学表现得怎么样？回答得对吗？让我们把掌声送给他吧……

教学中有了这样鼓励性的评价，学生会更钟情于课堂学习。

总之，课堂是师生互动，心灵对话的舞台；课堂是师生共同创造奇迹，唤醒各自沉睡潜能的时空。想让数学课堂更精彩，作为教师就要不断地为学生提供呈现精彩的空间，而作为课堂主体的学生更要发挥他们主人翁的作用，积极行动起来不断展示自我，创造精彩课堂的奇迹。

小学数学教学中小组合作学习
策略的探索与实践

铁岭市实验学校 袁小勇

随着教育改革的不断推进，小组合作学习已经成为非常重要的教学组织形式之一。尤其对于数学学科，它不仅提高了课堂教学效率，成为打造高效课堂的重要途径，也为优化教学方法创造了良好的实施环境，为教师的教与学生的学提供了更多的方法和途径。作为一名小学班主任，我更能体会小组合作学习在课堂中的优势。下面就谈谈我在小组合作学习方面的一些做法和看法。

一、充分考虑学生特点，合理分组

分组是小组合作学习的前提，是小组学习效率的保障。因此，教师应该充分考虑学生的性别、性格、爱好、学习能力以及交流能力等特点，本着"组间求同，组内存异"的原则进行分组。"组间求同，组内存异"是指各个小组之间的实力要均衡，这样才能让小组之间有良性竞争，保证小组学习的正常进行；而组内成员之间要存异，目的是让学生之间互相学习，互相帮助，取长补短，共同进步。通过这样的方式，能够保证学生在数学课堂小组合作学习的过程中真正达到组内合作、组间竞争的良好效果，保证学习成绩不同的学生都能够在小组内发挥出自己的能力，让学习成绩比较差的学生也可以通过组员的帮助获得提高，同时能让学习成绩比较好的学生在互相合作和帮助他人的过程中变得更加自信。

另外，为了保证小组合作学习的效果，教师还应该对组内的每一个成员进行分工，包括小组长、记录员、操作员和汇报员等，成员各司其职，互相配合，有条不紊地进行合作学习。同时，分工应该经常进行轮换，让每名学生都能体验不同的工作，尝试完成不同职位的任务，这样才能有效帮助学生发现自己的优势与不足，对学生素质的全面发展起到积极的作用。

二、利用多种方法提高学生合作学习的热情

学生学习的兴趣与热情是小组合作学习的催化剂，所以，教师要利用多种方法来激发学生的合作学习热情。

1. 创设精彩的教学情境

在进行小组合作学习之前，教师要进行相应的情境创设使学生产生解决问题的欲望和兴趣。例如，教师可以讲一个吸引人的童话故事或者与学生实际生活密切相关的小故事，并将本节课所要讲的知识蕴含其中。通过这种方式就能为学生营造出一种解决自己身边实际问题的教学情境，实现数学与实际的有机结合。

2. 设置合理的讨论问题

在小组讨论环节，学生讨论的热情很大一部分取决于所要讨论的问题。问题的设置要有趣、易懂，使学生的热情激发出来，做到人人都发言，人人都参与讨论，从而让学生更加主动地进行小组合作学习。

3. 利用比赛竞争的方式

数学知识有时学起来比较枯燥乏味，会导致小组成员提不起兴趣。这时候就需要引入一定的比赛活动，激发小组成员的斗志和活力。面对比赛竞争，各小组之间会摩拳擦掌，跃跃欲试，在比赛的过程中，各组成员相互配合，解决难题，体验获得知识和成功的喜悦；教师对获得胜利的小组进行表扬，对失利的小组进行鼓励，这样学生就会对下次比赛产生期待。这种竞争方式的引入能够调动学生学习的积极性和热情，让学生在轻松愉悦的氛围中学习知识。

三、发挥教师的主导作用

在小组合作学习的过程中，学生总会遇到不少困难，因此要想促进

小组合作学习，教师就要在学生的学习过程中进行正确的引导。教师必须从讲台上走到学生中间去，进行巡视，认真观察每名学生在合作学习中的表现，做到对每一组、每一个人的表现都了然于胸；对遇到困难的学生帮助其找到有效的解决办法，对不敢或不愿意参与讨论的学生给予引导和鼓励。教师在学生进行合作学习之前，要为学生制定切实有效的学习目标，做到有的放矢，要为学生解释合作学习的具体要求，让每名学生都知道自己该做什么。其实，教师对小组合作学习的引导，也是教师参与合作学习的一种具体形式，有利于促进教师与学生的交流，培养教师与学生的感情；而对小组合作学习制定具体的目标，有利于提高小组合作的效率，让学生形成自主学习的习惯。

四、建立健全学习评价机制

为了检验课堂小组合作学习的成果，必须进行学习评价。在学习评价的过程中，教师应该要求学生清楚地表达他们的见解，并且教师应该引导学生真诚地征求其他组的意见或者评价其他组的合作学习情况，从而实现学生之间的互相学习。教师在倾听学生的学习评价之后，也应该根据不同小组的具体合作学习过程和学习目标的实现情况做出综合性评价，教师应该将小组集体学习成果作为评价的重要指标，将每一个学生的个人成绩转化为小组的总体成绩。通过这种方式，能够鼓励小组中每一个成员为了共同的目标而努力合作，更重要的是能够使更多的学生同时得到教师以及同伴的鼓励和表扬，体验到胜利的美好滋味。另外，评价要多元化和尽可能量化，学生的仪态、发言的声音和积极性、纪律、参与度等都应该纳入评价考核范围内，并且尽可能量化成小红旗等方式进行奖励。这样不仅能够调动学生参与小组合作学习的积极性、培养集体荣誉感，也能促进小组合作学习更加科学有效地进行。

五、改善教室布局，营造有利于小组合作的教学格局

传统的教室格局是一排一排的桌椅，可是在实际教学中这样的格局不利于学生进行讨论，使学生在学习中基本上是和同桌进行讨论，缺乏讨论的全面性。而新形势下，应该采用4～6人一组的教室布局，方便学生进行

讨论，同时，学习中遇到的问题也能够得到及时有效的解决，从而保证了小组合作学习的有效性。日常教学中也要不断地改善教学环境，营造更加有利于教育教学的环境布局。

小学数学课堂中小组合作学习真正实现了以学生为本的教育理念，尊重学生的健康成长，有利于学生的未来发展。学生在学习过程中加强合作，获得的不仅是知识本身，还有学习兴趣的养成、能力的提高和健全人格的形成。在今后的工作中，作为教育工作者的我们仍然要不断探索小组合作学习的新方法、新思路，让学生真正成为数学课堂的主人，让所有的学生在数学课堂小组合作学习的过程中真正享受到成功的喜悦。

群文阅读在小学高年级阶段的实施策略

铁岭市实验学校　张　婷

一、群文阅读的概括

群文阅读是区别于精读文章的独特阅读方式，是指把一组文章以一定的方式组合在一起，指导学生阅读，并在阅读中形成自己的观点，从而促使学生的阅读能力和思考能力得以有效提升。群文阅读让学生用更短的时间，来完成更多篇目的阅读。这样的阅读模式可以让学生针对课外内容进行广泛的阅读理解，使学生在短时间内实现阅读积累量的提升。

二、群文阅读教学的重要性

1. 群文阅读教学有助于开阔学生的阅读视野

小学高年级是学生阅读由课内向课外拓展的重要时期。这一阶段的学生识字数量剧增，理解能力也有了很大提高，能够通过阅读开阔眼界，获得新知，体验阅读的快乐。群文阅读教学过程中，教师会选择大量的课外优质文章作为阅读篇目，为学生的课外阅读提供一个多彩的窗口，使学生从中看到一个更为丰富的语文世界，吸引他们由此走向更加广阔的阅读空间，并爱上阅读，从阅读中自主汲取更多的文学养分。

2. 群文阅读教学有助于培养学生的阅读兴趣

群文阅读教学要求一节课读数篇文章，这意味着教师讲解、分析的时间大大缩短，要把课堂的大部分时间留给学生自主阅读。小学生喜欢读新鲜有趣的文章，不喜欢斟词酌句，不喜欢教师"微言大义"式的探究，更不喜欢在某个点进行深入探究。群文阅读恰好迎合了小学生自主阅读、自我选取切入点的喜好。学生在阅读中，虽然也会带着教师布置的问题，但这些问题都是围绕一个"议题"设置的粗线条类型的问题，学生很容易就能解决，因此有了更多自由想象和发挥的空间。

3. 群文阅读教学有助于提升学生的阅读速度

群文阅读对学生阅读模式和速度提出了新的要求，让学生尝试在40分钟内读完4篇抑或8篇文章，挑战学生传统的阅读模式，训练学生一目十行的阅读能力。当然，这种阅读模式并不意味着学生在阅读过程中可以囫囵吞枣、走马观花，而是在讲求又好又快的基础上阅读。

三、群文阅读教学的实施策略探究

1. 制订计划，注重长期发展

群文阅读是一种新的教学模式，它致力于学生长久阅读能力的发展，是一个系统工程。教师要遵守循序渐进的原则，制订长远的教学计划，推动群文阅读教学有序发展。第一个阶段，教师要以课本为主，强化单元整合，培养学生阅读和横向思维的习惯。第二个阶段，适度增加课外阅读，以一篇带多篇。这个阶段选择的课外文章篇幅短小，且与课文联系明显，防止学生出现思维跟进困难。第三个阶段，在第二个阶段的基础上，把课外阅读范围由单篇文章扩大到一本书，也可以一本带多本，把阅读由课内延伸到课外。第四个阶段，教师围绕教材确立一个阅读核心，即阅读主题。这个阶段，阅读的开放性明显加强。第五个阶段，打通课内外阅读，建立各种读书会，实现自主阅读。

2. 学生主体，注重交流探究

德国教育家第斯多惠曾说："一个人要不主动学会些什么，他就一无所获，不堪造就……人必须主动掌握、占有和加工智力。"群文阅读教学正是通过阅读教学培养学生的自主阅读、自主学习能力。因此，在实施群文阅读教学过程中，教师要善于突出学生的学习主体地位。首先，要给学生充足的时间去阅读、去体会、去感悟。其次，教师要为自己恰当定位——课堂的主导者，问题的设置要有明确的指向性、涵盖性，能够提纲挈领，起到举一反三的作用。最后，采用多种形式的交流探究，给予学生表达的时间和机会，尊重学生的个性感受和独特认知。

只有突出学生的主体地位，学生才有足够的时间和积极的心态去阅读，群文阅读才能落到实处，学生的阅读能力才能提高。

3. 多元教学，提高教学质量

群文阅读模式的开展仅仅依靠教师的引导作用是不够的，为了丰富课堂教学内容，提高课堂教学质量，群文阅读模式可以与多媒体技术有机结合起来，将多媒体极强的直观性、快速的信息传输、库存容量大等特性融入群文阅读方案中。比如，教学课文《钱塘江》时，可以将钱塘江的壮观、气势磅礴通过视频、音像等形式栩栩如生地呈现在学生面前，从而使课文内容由形象变具体，由复杂变简单，激发学生的学习兴趣，提高教学质量。

4. 培养思维，注重能力提升

思维能力包括知道、领会、运用、分析、综合与评价六种，前三种被称为"低级思维能力"，后三种被称为"高级思维能力"。小学语文教学正是遵循从低级向高级的原则培养学生的阅读能力。小学高年级的群文阅读注重培养学生的高级思维能力。教师可以通过不同的议题来发展学生的某种思维能力，并兼顾其他。比如，在学习"送别诗"时，选择《黄鹤楼送孟浩然之广陵》《别董大》《送元二使安西》《晓出净慈寺送林子方》《赠汪伦》，让学生通过对比"题目""离景""情感"等方面，体会诗歌表达的不同的心情和情感，深切感受"一样送别，几多离愁"的议题。

总而言之，群文阅读作为一种新型的阅读方式，进入小学语文课堂已经成了不可扭转的趋势。教师在日常教学中要尽可能多地给学生提供与课内文本相关的课外文章，并引导学生进行大量的阅读。在小学语文教学中，教师要将群文阅读策略落到实处，这样才能真正提高学生的阅读水平，提升学生的阅读能力和语文素养。

体育教学中初中生体质健康水平的提升

铁岭市实验学校　付 莹

目前，对于初中生来说，教师在体育方面的教学工作开展得还不是很到位。特别是青少年的体质健康整体水平也明显存在下滑的趋势，这种趋势的呈现说明相关体育教学人员对自身的工作没有重视。新时期开展初中体育教学活动的主要目的是采取合理的教学活动提升初中生体质健康的整体水平。当然，在体育教学开展过程中，教师要积极培养学生对体育锻炼的积极性和兴趣。相关教师在开展工作时要积极引导学生进行体育锻炼，并且在体育锻炼中养成良好习惯，拥有健康的体魄。

一、初中生体质健康现状

通过调查发现，近几年我国青少年的体质健康水平出现了下滑的趋势，如何提升青少年的体质健康水平成了相关教育部门重点关注的内容。首先，初中生的平均身高相比前几年呈现出一种下降的趋势，并且在超重和肥胖的数量上有所增加。这说明目前虽然我国的经济发展水平较高，带动了人们生活水平的提高，但是大部分人在生活水平提高的同时忽略了体育锻炼，从而出现一些降低初中生体质健康水平的影响因素。其次，初中生近视的比例明显增加，这就说明我国青少年在眼睛健康保护方面存在着不重视的现象。近几年，我国青少年近视眼的发病率已经高居世界第一的位置。最后，我国初中生在速度、力量以及耐受力方面的具体成绩都长期处于低谷状态。这种状态说明我国初中生的体质健康水平明显不达标。

二、体育教学对提升初中生体质健康水平的重要性

体育教学对于提升初中生体质健康水平具有非常重要的意义。对于初中生来说，学习内容和学习压力相比小学时期都有所增加，并且学习时间也有所延长。所以在这种状况下，如果初中生没有一个健康的体质就很容易生病，从而影响学习成绩。目前教育部门很重视体育教学的重要性和作用，而且体育教学可以进一步增强初中生的全面性培养。初中生只有正确地处理自己的学习和身体锻炼之间的关系，才能做到全面提升自己。

三、体育教学提升初中生体质健康水平的策略

1. 思想引导，提高初中生对体育的重视度

初中生体质健康水平下滑的主要原因是对体育的重视度不够。大部分学生对体育这一学科都存在着一定的偏见，主观地认为体育学科是一个"小科""副科"。此外，学生在进行体育课程学习和锻炼时没有一个正确的态度。这就需要教师对学生进行一定的思想引导，从而提高学生对体育锻炼和学习的重视度。初中生只有把思想观念摆正，才能进一步提升自身的体质健康水平。例如，在体育课程中教师可以采用小游戏的方式激发学生对体育锻炼的兴趣。其中"爱的抱抱""传篮球"等体育游戏，都可以提高初中生对体育课程学习的积极性。教师也可以增加体育项目，从而提高体育这一学科的可选择性以及初中生对它的重视度。这种引导方式对初中生增加体育锻炼有着很大的促进作用。

2. 因材施教，强化体育教学体质提高指向性

初中体育课程的学习是为了提高初中生整体的体质健康水平，当然在强化体育教学过程中也可以通过提高指向性的方法进行教学工作的推进。因材施教的方法是体育教师经常用到的，它可以让学生更真切地去感受体育教学的好处以及更有效地提高自身的体质健康水平。

四、结束语

总而言之，初中生需要做的不仅是提高学习成绩，最主要的是提高自身的体质健康水平。同时，只有学生自身的体质健康水平提高，才能去实

现体育锻炼的整体价值，初中生的整体素养和综合能力也都会有所提高。

参考文献

［1］王文波.促进学生体质发展的体育教学改革措施研究［J］.中国农村教育，2019（9）：104.

［2］党传奇，张振东，杜松健.青少年体质健康现状研究：以广西融水民族高级中学为例［J］.青少年体育，2019（3）：36–37+27.

［3］江建吉."智慧校园"下提高初中学生体质健康教学策略的研究：以福建省福州第八中学为例［J］.西部素质教育，2016（7）：91–92.

农村初中英语课堂创设情境提升学生核心素养策略的研究

铁岭市教师进修学院　朱红艳

在如今的英语教学中，学生最不喜欢的一个环节就是对单词的记忆。如何让学生快乐背单词，是我一直思考的一个问题。通过不断的学习和在教学实践中的探索，我觉得在英语课堂中创设情境故事帮助学生记忆单词，效果非常好，而且能更好地提升学生的英语核心素养。

一、农村初中学生记忆单词现状分析

我从事英语教学工作17年，曾长期在农村初中担任英语教学工作，通过调查问卷以及平时的教学观察，发现农村初中学生的英语基础以及单词方面存在以下问题。

（1）农村初中学生的英语基础普遍比较薄弱，小学的时候，学习英语比较少，很多学生到了七年级才正式开始学习英语，导致学生基础比较差，刚开始可以跟上英语老师的步伐，但随着课程内容的增多，就跟不上教学进度了。

（2）学生对一节课的英语单词可以达到熟练运用和掌握，可是经过一个单元或者几个单元的学习后，在记忆单词方面容易遗忘，尤其是孤立地单纯背单词，导致对单词的掌握情况不是很好。

二、农村初中学生不爱记忆单词的原因剖析

（1）农村初中学生的英语课外学习资源比城里学生少，他们词汇量不多，单词记忆跟不上，直接影响以后阅读理解能力和口语交际能力的提高。

（2）一些教师在课堂上没有注重激发学生学习英语的兴趣，只是为了完成自己的教学任务，没有注重对教材内容的整合和深度挖掘，只是当堂知识当堂讲授，忽视了对单元知识的整体性把握。导致学生虽然明白单词的汉语意思，会读、会写，但是不会灵活运用，没有领会英语核心素养中提高语言能力的真正意义。

正是学生在记忆单词方面存在的严重问题，导致学生不爱学英语、不喜欢学习英语，也导致学生中考时阅读理解题及情境对话题失分较多。为了提高学生的英语核心素养，让学生主动学习、爱学习，提高用英语做事情的能力，应该从以下几个方面为学生提供帮助。

第一，将一个单元的英语单词编成一个小故事，单元回溯看故事、快乐学习记忆深。

"要为成功找方法，莫为失败找理由。"学生不爱学习英语，不爱记忆单词的时候，我们应该反思一下是不是在教学英语的过程中出现了问题。当我们发现了学生不爱背单词，是因为孤立的单词个体，学生经一个单元学习过后不能整体强化记忆时，我们就努力为学生把一个单元的单词穿针引线，争取让学生学完一个单元后，在一篇故事里可以把一个单元的单词复习了，而且记住故事情节，不知不觉地把一个单元的单词记住。

如今的英语教学资源很丰富，英语教师无须绞尽脑汁编故事。如果我们有灵感，可以用我们想到的方法编故事跟学生分享；如果我们不能编出故事，我们可以借助微信英语学习公众号里现成的学习资源。我常用的英语学习公众号有《英语教学》《维克多英语》《人教教材培训》《外语教学网》《初中生英语》等。这里面可以找到一些适合初中英语教师用于英语课堂中带着学生记忆单词的情境故事。

在结合情境故事带着学生记忆单词的时候，教师可以首先带着学生回顾一个单元的单词，然后展示情境故事，让学生分成小组自己读故事、

找单词、分析故事，自主发现、探索、强化，这比教师单纯讲授效果好很多。教师在课堂上起到的作用常常是帮助学生把知识串成线，让学生自己把珍珠串在线上，变成美丽的项链。

第二，引导和带领学生把一本书中相关联的单词找出来，变成故事学说唱，同类归一巧整合。

英语教学要从综合语言运用能力的培养转向英语学科核心素养的培养。英语学科核心素养包括关键能力和必备品格。关键能力方面强调要提高学生的语言能力、学习能力和思维品质。为了更好地带着学生快乐学习，让学生觉得学习英语是快乐的，而不是枯燥乏味的，教师要在课堂中进行引导和启发。

教师要帮助学生学会学习，在英语教学中，教师可以引导和带领学生找规律，比如找到英语一本教材中带有同样前缀或后缀的单词，想办法将其编成情境故事，然后通过听、说、读、写的形式，让学生说唱。把一类单词整合，形成整体概念，会使学生记忆单词更系统，使学生更愿意学习。

我以英语情境故事《武术冠军擒贼》为例，"那天我骑着cycle（自行车），见有人偷旧bicycle（自行车），还美其名曰recycle（回收利用），我便鼓起了muscle（肌肉），八卦掌划出semicircle（半圆）擒贼，被写进了article（文章）。"这是我在一个微信公众号里找到的一个资源，这里面包含了六个以"cle"结尾的单词，通过讲故事的方式让学生不知不觉就把六个单词记下来了，而且记忆的印象更深刻。

在课堂教学中，英语教师抛砖引玉地带着学生学习一个情境故事后，可以让学生自己去寻觅、去编故事，去展示和表演故事。经过小组合作、共同研究和探讨，学生可以把很多单词编在一起，编成故事去记忆，而且他们还特别愿意完成这样的任务。这种方式能提高学生的学习能力，让学生学会主动学习，从而为学习英语提供源源不断的动力。

第三，拓宽学生记忆单词的思维路径，开发思维背单词，善于借力促提升。

2020年中国教育学会初中教育专业委员会第十八次年会暨第四届教师专业发展学术会议中的一位专家在讲座中提到了一句话："教师永远不要以自己的学识去限制下一代的发展。"这句话给了我很多启示，作为新时代的英语教师，一定不能用自己的学识禁锢学生思维发展的宽度和深度，一定要多关注学生英语核心素养的提升。

"学生学好英语，首先要过好词汇关。"这是以前我们在英语教学中常常挂在嘴边的话。如今面对着人工智能时代的到来，面对着多媒体资源丰富的教学现状，我们需要做的是拓宽农村初中学生记忆单词的思维路径，让每个人都找到适合自己的记忆单词的最佳方法。

在英语教学中，教师可以带领学生结合情境故事记忆单词，可以让学生自己摸索记忆单词的方法，可以巧用归类法帮助学生记忆单词。不管采用什么方法，学生对英语学习不厌烦、学生愿意记忆单词、学生学会英语学习的方法都是最关键的。

总之，农村初中英语课堂创设情境故事帮助学生记忆单词，进而提升学生核心素养策略的研究还会继续。作为新时代的英语教师，在英语教学中不断转变观念，与时俱进，想办法让学生对于英语爱学、乐学、肯学，英语课堂一定会更精彩。

做老师，真好

铁岭实验学校　赵德军

　　前段时间整理笔筒时，竟然发现一张学生多年前送给我的教师节贺卡。"赵老师，教师节快乐！"多么简单、多么质朴的几个字，却蕴含着多么丰富的情感啊！我顿时暖流盈身。这张贺卡于我是最珍贵的礼物。

　　我年轻时最大的梦想不是做老师，而至今我已教书近三十载。一开始没有觉得做教师有多么光荣，只是我的谋生手段而已。如今在我的教书生涯里，我每天与世上最纯洁的心灵约会，与最高尚的灵魂对话，与最可爱的梦想牵手，我认识到做一名老师，真好！

　　1994年6月，师专还未毕业，我便忙着改派工作的事情。好不容易街道有个主任的空缺，我兴奋不已，便把这个喜讯告诉了父亲。父亲没有一丝笑意，板着脸对我说："现在机构改革，人员精简，不得从后进机关的人员中往下裁吗？那时候，你种地没有，蹬倒骑驴没劲，咋办？回家当个老师，风吹不着，雨淋不着，多好！"

　　理想很丰满，现实很骨感。拗不过父亲，我便如他所愿，当年8月，我光荣地成为乡村教师中的一员。报到的时候，老校长对我说还剩两科没人教，一科是地理，一科是历史，我选择了历史。

　　当我走进教室时，学生带着惊奇、兴奋的表情看着我，也许是因为我年轻帅气，也许是因为我个性的服装穿着。看到他们期待的目光，我的心被融化了。从那一刻起，我决定做一个对得起孩子的好老师。

　　没过几日，一位语文老师休产假，我被派去教语文，没想到教学成绩居然位居全县前列。想到孩子们因为我改变了命运，我的幸福感爆棚，感到做一名老师真好。

做了几年教师后的一天傍晚，我与妻子正在家里吃晚饭，院子里闪出一个人，我赶忙迎了出去。

"老师，我给您送瓜来了！"原来是我教过的、已毕业好几年的一个学生。

"你卖瓜了？"我问道。

"没事干，挣几个钱呗。"他云淡风轻地说。

"还没吃饭吧，赶紧进屋里吃一口。"我急忙让道。

"不吃了，老师，我喝口水就走！"他一边说，一边走到水井旁，一只手捂着水井管，另一只手扶着井把，吮吸了几口。直起身来，笑着对我说："瓜老甜了，老师，您尝尝。"接着他弯下腰，洗了几把脸，擦干后，把毛巾搭在脖子上，骑上车，匆匆离开了我家。

望着他的背影，白色的跨栏背心，汗涔涔地贴在背上，自行车后座上颠簸着两个竹筐，他使劲蹬着车。想到他读书时每天嬉皮笑脸的样子，我感慨无限。他父亲因车祸早亡，他身负生活的重担，仍怀有一颗乐观感恩的心。唯愿你生活会更好！

那年的瓜，是我吃到的最甜的瓜。我知道，那是被爱的雨露滋润后，心田里流淌出的甜蜜汁液。

老师，是太阳底下最光辉的职业。每一刻，我们感动着自己，温暖着别人。薪火相传，彪炳史册；玉壶存冰心，朱笔写师魂。做老师，真好！